Reisetagebuch

Quer durch das südliche Afrika
eine
Overland-Safari
von Kapstadt bis Nairobi

Hermann Dünhölter

Books on Demand

© Hermann Dünhölter

Ausgabe 2014

2. Auflage Juli 2015

ISBN 9783738623239

Herstellung und Verlag

BoD - Books on Demand

Norderstedt

Die Vorgeschichte

Eigentlich sollte es meine erste große Reise werden, die nach Afrika. Wann immer ich in den letzten Jahren meines Berufslebens gefragt wurde, was ich mit der vielen Zeit im Ruhestand anzustellen gedenke, äußerte ich den Wunsch, noch etwas von der Welt sehen zu wollen. Konkrete Pläne gab es aber noch nicht, nur vage Vorstellungen, die geprägt waren von früheren Reisen. Vor sehr langer Zeit war ich als Student in den Semesterferien auf große Fahrt zur See gefahren, Ostküste USA und Golf von Mexiko, als Messesteward. Und nach meinem Studium, vor dem Beginn des Referendariats, schnupperte ich für einige Monate Easy-Rider-Luft in den USA. Ich trennte mich von meinem Motorrad und kaufte von dem Erlös in Übersee einen Kombi mit riesigem Hubraum, auf dessen Ladefläche man ausgezeichnet schlafen konnte. Beide Reisen veränderten mein Bild von der Welt erheblich.

Erstaunlicherweise hatte ich damals noch kein schlechtes Gewissen, mit einem solchen Schluckspecht unterwegs zu sein. Nur, seit dieser Zeit kam es mir nicht in den Sinn, für nur wenige Wochen in weite Ferne zu fliegen, schon aus ökologischen Gründen. Wahrscheinlich machen sich die wenigsten Menschen bewusst, dass jeder Flugpassagier genauso viel Energie verbraucht als führe er die gleiche Strecke mit dem Auto über Land. Wer sich das wirklich klar macht, würde vermutlich darauf verzichten, für drei Tage zum Weihnachtshopping nach New York zu fliegen oder für vier Tage zur Silvesterfeier nach Peking oder für eine Woche zum Skifahren nach Whistler.

Die Tourismusindustrie hat in all den Jahrzehnten ganze Arbeit geleistet. Air Asia wirbt mit dem Slogan: ´Now everyone can fly!´ spricht damit allein im asiatischen Raum ca. drei Milliarden Menschen an, das Sammeln von Flugmeilen ist Volkssport, das Schmelzen der Gletscher und Polkappen schnurz-piep-egal. Kurz und gut, möglichst wenig fliegen und keine Pauschal- oder Gruppenreise, soviel stand fest.

Was Reiseziele betraf, so schwebten mir die Erdteile vor, die ich noch nicht kannte, Asien, Afrika und Südamerika.

Entgegen meiner Erwartung kam der Zeitpunkt für den Reisebeginn ein halbes Jahr zu früh. Ich war u.a. bei Eltern meiner Grundschulklasse in Ungnade gefallen, ein weltweites Phänomen. Dazu schreibt das Lehrerpaar Rüdiger Hirche und Gabi Kinsberger in ihrem Buch ´Vom Alltag in die Südsee´: *„Nicht nur der Klerus schmückt sich mit Blüten. Fast alle Frauen und Mädchen auf Aitutaki tragen eine frische Hibiskusblüte oder einen Blütenkranz im Haar. Diese Blüten,* *verbunden mit dem allgegenwärtigen freundlichen Lächeln, schaffen eine Atmosphäre, die man nicht vergisst.*

Die örtliche Secondary School entdecken wir bei einem Spaziergang und können es mal wieder nicht lassen: Spontan suchen wir den Direktor auf und lassen uns einen Besuchstermin geben. Am Montagmorgen (in Hessen sinnigerweise der erste Schultag nach den Sommerferien) stellt sich gleich schon wieder die ungewohnte Frage: »Was ziehen wir an?« Völlig overdressed, in unserer »Sonntagskleidung«, erscheinen wir im Lehrerzimmer. Wir werden freundlich begrüßt, der Schulleiter stellt uns einigen Kollegen vor, die hier ganz leger in Shorts und Badeschlappen ihren Dienst versehen. Der Unterricht spielt sich in luftigen, ebenerdigen Räumen ab. Wir erleben eine Mathestunde, 11. Klasse. Die Schüler, alle in adretter rot-weißer Schuluniform, verfolgen mehr oder weniger interessiert, aber sehr diszipliniert, wie der Lehrer die Lösungen eines Tests erläutert. Fenster und Tür stehen weit offen, ab und zu schaut jemand herein und wechselt ein paar Worte mit dem Kollegen an der Tafel. Der gießt sich zwischendurch aus seiner Thermoskanne Kaffee nach. Die völlig stressfreie Atmosphäre, vor allem der fehlende Lärmpegel, machen uns sehr nachdenklich.

Bei Father Don lernen wir ein Ehepaar kennen, die Ärzte des hiesigen

Krankenhauses. Als wir von unserem Schulbesuch erzählen, fallen sie zweistimmig über den Mathelehrer her. Der sei schuld daran, dass ihr Sohn jetzt Nachhilfeunterricht nehmen müsse. Das tröstet, wenigstens die Eltern sind überall auf der Welt gleich…"

Mir war Ähnliches passiert, so machte ich Platz für eine junge Kollegin, das schien mir unter den gegebenen Bedingungen die beste Lösung.

Bis dato hatte ich zwar schon zur Vorbereitung viele Reisebücher gelesen, jedoch waren das überwiegend Berichte von Seereisen. Schon lange hatte mich das Segelfieber gepackt. Nach dem Abitur konnte ich einen Segelkurs machen. Bis auf das gelegentliche Ausleihen einer Jolle hatte ich diesen Sport Jahrzehnte auf Eis gelegt bis die finanziellen Möglichkeiten es erlaubten, ein eigenes Boot anzuschaffen und zu unterhalten. Ich begann, mich für das Jacht-Segeln zu interessieren, war mehrfach Crewmitglied bei Überführungstörns auf der Nord- und Ostsee sowie im Mittelmeer, machte bis auf einen sämtliche Sportbootführerscheine und erstand ein kleines Kielboot.

Der Segelsport ist so unglaublich vielseitig, dass es Jahre dauert, bis man das Boot versteht und halbwegs zufriedenstellend segelt: Seemannschaft, Navigation, Motor, Elektrik, Elektronik, Revierkunde, Segeltrimm, jedes einzelne Gebiet verlangt nach umfangreichen Kenntnissen, Fähigkeiten und Erfahrungen; Unkenntnis, Unvermögen oder Fehler können zu Seenot, Schiffbruch und Lebensgefahr führen. Nach einigen Jahren erstand ich ein seetauglicheres Boot, Träume von längeren Hochseetörns kamen in greifbare Nähe. So bot es sich an, den ersten freien Sommer zur Umrundung der südlichen Ostsee zu nutzen.

Wie der Zufall es wollte, kam in Karlskrona ein russischer Student an Bord, der für ein Jahr ein Stipendium in Göttingen bekommen und im Internet auf meine Suchanzeige für Mitsegler reagiert hatte. Eigentlich hätte er in Litauen zusteigen sollen. Durch ihn rückte Russland und Asien ins Blickfeld, eine Fahrt mit der transsibirischen Eisenbahn und weiter mit Bus und Bahn nach Saigon. Mein Winterfahrplan stand fest, eine ganz phantastische Reise sollte es werden:

Reisetagebuch
Mit Bus und Bahn von Hamburg nach Saigon.

Ähnliches schwebte mir nun auch für Afrika vor, auf der klassischen Route von Kairo nach Kapstadt. Die Internetrecherche legte es aber recht schnell nahe, davon Abstand zu nehmen. Die Gefahr, überfallen und ausgeraubt, wenn nicht gar entführt zu werden sowie das Risiko zu erkranken, ließen das Reisen auf eigene Faust nicht sinnvoll erscheinen. Die Reiselust auf das richtige Afrika südlich der Sahara war nach wie vor vorhanden. Ich wollte sie sehen und erleben, die großen Wildtiere, die spektakuläre Fauna, die atemberaubenden Landschaften und natürlich die Menschen. Den Cocktail an Impfungen war ich bereit zu schlucken und über mich ergehen zu lassen, unkalkulierbaren Risiken wollte ich nicht eingehen.

Was also tun, wenn das Fernweh trotzdem lockt? „Machen Sie doch eine Overland-Safari, da reisen Sie in einer Gruppe, und wenn Sie neben den Impfungen prophylaktisch Malaria ausschließen, sind Sie weitgehend auf der sicheren Seite", die Kauffrau im Reisebüro wusste, wie sie mich begeistern konnte. Ich sah ein, Kompromisse machen zu müssen. Der Prospekt klang vielversprechend, die Tour entsprach meinen Vorstellungen:

Overland Safari

The only way to truly appreciate Africa is to sleep on its earth, bake in its sun, touch its grass and be doused in its water. If you want scented paper towels - stay in the city! Be ready for the experience of a lifetime as Africa does not tick like clockwork, so be prepared to pack your sense of humour as there are sure to be a few surprises, which is why Africa is so endearing... Explore uncharted territories.

Discover wild and remote places, where each dawn and sunset heralds a new experience.

An overland expedition is a journey along a suggested route. It is off the beaten track, and many of the areas visited do not have the infrastructure that the package tourist may require.

Suitability for our trips is not just about fitness it's about being able to take the rough with the smooth - whether you're up to your elbows in mud rescuing your sinking truck, climbing the nearest tree in an attempt to escape from charging buffaloes or searching for the only bush in the desert to squat behind - expect the unexpected!

Ich war gespannt, ob ich meinen sense of humor behalten würde und buchte gleich zwei Teilstrecken, von Kapstadt zu den Viktoria Fällen und im Anschluss von dort bis Nairobi, also einmal quer durch das südliche Afrika.

Schon im September ließ ich mich impfen gegen Gelbfieber, Tollwut, Hepatitis A und Typhus. Impfungen gegen Tetanus und Diphterie wirkten noch aus dem letzten Jahr. Bis auf eine gewisse allgemeine Schwäche konnte ich keine Nebenwirkungen feststellen. Sicherlich fühlen sich viele Menschen allein durch die Impfungen bzw. durch die gesundheitlichen Gefahren abgeschreckt, nach Afrika zu reisen. Mir sollte es recht sein, Massentourismus war also nicht zu erwarten. Das größte Risiko schien mir in mangelnder

Hygiene im Umgang mit Lebensmitteln sowie in einer Nachlässigkeit bei der Moskito-Abwehr zu liegen. Disziplin würde gefragt sein, zwar nicht meine Lieblingstugend, aber gut zu wissen, dass ich kann, wenn es darauf ankommt.

Die Vorbereitungen konkretisierten sich. Viel fehlte mir nicht mehr, um für die Reise gerüstet zu sein. Bei Globetrotter fand ich sehr gute Beratung und Ausrüstung: Moskitonetze, Schlafsäcke, mit Moskito abwehrenden Chemikalien behandelte Tropenbekleidung, Repellent, Kartenmaterial, Reiseführer sowie eine selbstaufblasende Isomatte.

Mir war es wichtig, nicht noch einmal überrascht zu werden von einer inakzeptablen Unterkunft. In Thailand hatte ich mir ganz am Schluss noch etwas eingefangen, was ich anfänglich für Mückenstiche hielt, das sich aber als Stiche anderer Insekten herausstellte. Das Abheilen war ein langer Prozess, letzte Spuren waren bei genauer Betrachtung der Haut noch ein Jahr später zu sehen! Also, im Notfall auf eigene Ausrüstung zurückgreifen können, das musste sein. Nur auf mein Netbook musste ich verzichten, ich hörte auf den entsprechenden Rat. In Asien war es eine tolle Hilfe, fast unverzichtbar.

Meine Schwester versorgte mich drei Tage vor Abflug noch mit guten Wünschen und

Gedankennahrung in Form eines Artikels im Naturarzt.

´Vom Nutzen des Reisens´ Verena Grein

„In zwanzig Jahren werden Sie eher von den Dingen enttäuscht sein, die Sie nicht getan, als von denen, die Sie getan haben. Lichten Sie also die Anker, und verlassen Sie den sicheren Hafen. Lassen Sie den Passatwind in die Segel schießen. Erkunden Sie. Träumen Sie. Entdecken Sie. " Dieses leidenschaftliche Plädoyer für das Reisen, eine Aufforderung, Vertrautes zugunsten des noch Fremden kurzzeitig aufzugeben, stammt von einem, der es wissen muss: Mark Twain (1835-1910), amerikanischer Schriftsteller und ein Globetrotter vor dem Herrn. Erkunden, Entdecken und Träumen gelten als Wesen bestimmende Merkmale des Menschen. Das Reisen erhält für das menschliche Leben somit einen existenziellen Aspekt. Die Frage nach seiner Bedeutung hingegen eine philosophische Dimension.

Ein Vergleich der Geschichte des Reisens mit unserer schnelllebigen Zeit offenbart eine interessante Paradoxie. Alles scheint anders und gleichzeitig beim Alten: Zwar reisen die Menschen heute zu deutlich veränderten Rahmenbedingungen, besteigen statt Pferd oder Kutsche Schnellzüge und Jumbojets und genießen somit einen ungleich höheren Reisekomfort. Die ursprüngliche Faszination jedoch, die das Reisen seit jeher in den

Menschen auslöst, bleibt von äußeren Einflüssen unberührt.

Sogar die Hauptmotive, die uns dazu verleiten, dem eigenen Fernweh Folge zu leisten, unterscheiden sich nicht wesentlich von denen des antiken Wanderers oder des mittelalterlichen Seefahrers. Denn alle Reisenden versprechen sich heute wie dazumal - bewusst oder unbewusst - von ihrem Tapeten- auch einen Perspektiv-Wechsel.

Für die Reisephilosophie stellt das Reisen ein wertvolles Instrument der Erkenntnis dar. Selbstverständlich sprechen wir hier nicht vom touristischen Erholungsurlaub, der mit dem Ziel angetreten wird, vierzehn Tage am gleichen Strand zu verbringen. Vielmehr ist die Rede von klassischen Reisen, die Bilden, Erfahren und (Kennen)-Lernen als Absicht nennen. Den größten Gewinn an Wissen verbucht, wer nicht fährt, um anzukommen, sondern reist um des Reisens willen.

Die Vernunftbegabung des Menschen, hier besteht zwischen den Philosophen verschiedenster Positionen Einigkeit, charakterisiert ihn als Lebewesen, dessen Bestimmung im Denken und Reflektieren liegt. Das Streben nach Erkenntnis gilt ihm demzufolge als angeborene Anlage. Unter diesem Gesichtspunkt avanciert die Reise, motiviert durch Wissbegierde und Neugier, Sehnsucht nach dem Fremden und

Exotischen, zur logischen Konsequenz der menschlichen Natur. Letztendlich - und das scheint bemerkenswert - wohnt jedem Verlangen nach dem Anderen die Sehnsucht nach dem Selbst inne. Denn in der Folge unserer menschlichen Existenz betrachten wir uns nicht nur isoliert, sondern leben, indem wir unser Ich ständig in Beziehung zu unserer Umwelt setzen und wahrnehmen. Das Bild vom Anderen und Fremden beeinflusst beinahe unbemerkt auch unser Selbstbild. Und so führt Reisen mit dem Wunsch nach Welterkenntnis zugleich zur Selbsterkenntnis. Reisen ist schädlich - für Vorurteile. Auch für die, die wir uns selbst gegenüber hegen.

Aus diesen Überlegungen ergibt sich auch das Defizit des Reisens: das, was es nicht zu leisten vermag. Reisen erweisen sich nämlich als vollkommen ungeeignet zur Flucht vor dem eigenen Ich. Da sich jeder Mensch im Urlaub noch eher mit dem Selbst konfrontiert sieht als im betäubenden Alltag heimischer Gefilde, sitzt das missmutige Ich dann ebenso verdrossen unter der Sonne Santorins wie auf dem eigenen Wohnzimmersofa. Es ist nun mal der treueste Reisebegleiter. Wer sich also mit sich selbst nicht im Reinen befindet, läuft Gefahr, dass ihm das im Urlaub erst richtig zu Bewusstsein kommt. Ganz im Sinne des sokratischen Ausspruchs: „Was wunderst du dich, dass dir deine Reisen nichts nützen, da du dich doch immer selbst mit herumschleppst."

Berge oder Meer, Zelt oder 4-Sterne-Hotel, Schiff oder Zug, durch Paris schlendern oder auf dem Amazonas schippern - für das Gelingen einer Reise spielen Äußerlichkeiten eine untergeordnete Rolle. Ob wir auf einer Fahrt Erfüllung und Glück finden, hängt doch viel eher von der Geisteshaltung ab, die wir in unseren Koffer packen.

Dass wir niemals aufhören werden, diese Erfüllung auf Reisen zu suchen, beschreibt der zeitgenössische Philosoph Alain de Botton, der sich mit der Kunst des Reisens eingehend auseinandergesetzt hat, einleuchtend: „Ich glaube, wir haben zu allen Zeiten das Reisen mit dem Glück assoziiert. Es gibt zwei große romantische Phantasien darüber, was uns glücklich machen kann: die erste betrifft die Liebe, die zweite das Reisen. Auch wenn wir zwölf verheerende Urlaube hinter uns haben und fünfzehn gescheiterte Liebesaffären, wir werden immer noch daran glauben, dabei glücklich zu werden." Ende des Artikels.

Unvertraut waren mir diese Gedanken nicht. Andreas Altmann, von keinem anderen Autor habe ich mehr Bücher gelesen (wenigsten fällt mir gerade niemand ein), schreibt dazu in seinem Buch Der Preis der Leichtigkeit:

"Ich liege lange wach, denke an eine Mail, die ich im Meet the World gelesen habe. Ein

Verlag hatte mir die Kritik über ein Buch von mir geschickt, worin der Kritiker mit deutlicher Entrüstung den Autor als »vor der Realität flüchtend« entlarvte. Der Satz raubt mir jetzt den Schlaf. So sehr freue ich mich darüber, trefflicher hätte man mich nicht überführen können. Mich und alle anderen, denen jeder Vorwand recht ist, um vor dem Grind heimatlicher Routine die Flucht zu ergreifen, davonzurennen vor dem Ranz eines voraussehbaren Lebens.

Warum, verdammt, reist der Mensch? (Reden wir nicht von denen, die, so hörte ich heute, nach Vietnam kommen, »weil das Wetter warm ist und die Nutten billig sind.«) Warum? Aus zwei uralten, vollkommen altmodischen Gründen: weil er die Welt entdecken will, die Weltbewohner, den unfasslichen Reichtum der Erde. Und, das zweite Motiv zählt nicht minder, weil der Reisende dabei etwas über sich lernen will. Jedes Land stellt sich ihm entgegen, mit der fremden Sprache, den fremden Gesichtern, den fremden Geheimnissen. Und der Fremde erfährt, wie er mit diesen Forderungen, Kollisionen und seinem Staunen fertig wird. Oder nicht fertig wird. Über den Umweg der Ferne kommt er sich nah. Oder nicht nah. Man trifft world travellers, die selbst nach Trips durch drei Erdteile so unbedarft und provinziell daherkommen wie zuvor. Auch aus der großen weiten Welt kann man als Blödmann wieder auftauchen. Auch wahr: faszinierende Nähe, gefährliche Nähe. Die Mutigsten unter den bekennenden Flüchtlingen kommen nach Hause und tragen ein paar Masken weniger. Sie sind sich begegnet.

Der japanische TV-Reporter Akiyama Toyohoro, der an einem russischen Raumflug teilnahm, wurde nach der Landung gefragt, ob er irgendeine philosophische Erkenntnis gewonnen habe? Die Antwort: »Selbst als ich die Erde verlassen hatte und durch den Raum flog, war ich vollständig mit meinen eigenen Problemen beschäftigt.« Weise Erkenntnis, bescheiden. Sich ändern, wirklich wachsen, das dauert."

Danke, liebe Schwester, das noch einmal in Erinnerung gebracht zu haben.

Schon am 21.10. fühlte ich mich reisefertig, es sollte und durfte nun losgehen.

Tage in Kapstadt

23.10.2010 Sehr früh stand ich auf, fuhr zum Flughafen und checkte ein, Flug nach Amsterdam, zwei Stunden Aufenthalt. Immer wieder interessant, wen man so trifft auf einem Flug. Mein Sitznachbar, Filmemacher auf dem Rückweg nach Brasilien, war zu einem Festival eingeladen, zeigte dort den Film Elvis und Madonna, eine Beziehungsgeschichte zwischen einer Lesbe (Elvis) und einem Schwulen (Madonna). Im

Warteraum für den Weiterflug kam ich mit einem südafrikanischen Ehepaar ins Gespräch. Sie waren gerade in Sachen Mission unterwegs, kümmerten sich um die Verbreitung ihres calvinistischen Glaubens in der Ukraine. Die Nachbarn im Flug nach Kapstadt gehörten zu einer amerikanischen Gruppe aus Erziehungswissenschaftlern und Lehrern, die in Kapstadts Nobelherberge Southern Sun im Auftrag der Microsoft-Stiftung einen Kongress organisierten zur

 Optimierung pädagogischer Effizienz. Ich musste später in Malawi wieder an sie denken, als ich in den Mathematik-Unterricht einer Grundschulklasse hineinplatzte. Dort saßen ca. 80 Schüler ohne jegliche Unterrichtsmittel auf dem Fußboden. Das Ehepaar lebte auf dem Land in Alaska, managte von dort den Broterwerb, beneidenswert. Etwas Sorge war herauszuhören für die Zeit, wenn die zeitlich befristeten Stiftungsgelder verbraucht sein würden.

Spät am Abend landete die KLM-Maschine. Ein Fahrer empfing mich und fuhr mich in den Stadtteil Garden, erste Schemen vom

Tafelberg zeichneten sich am Himmel ab. Natürlich wollte ich Kapstadt kennenlernen, so buchte ich vier Nächte in einem Guesthouse, hatte Glück, dass ich standesgemäß in der President Suite unterkam, einem recht einfachen, aber sauberen Zimmer :)

24.10.2010
Die folgenden drei Tage konnte ich in Kapstadt auf eigene Faust unterwegs sein, das war ganz nach meinem Geschmack. Am Sonntag stand ich bereits zeitig auf. Die junge Rezeptionistin warnte zwar davor, allein an einem Sonntag durch

downtown zu gehen, ich
Die folgenden drei Tage konnte ich in Kapstadt auf eigene Faust unterwegs sein, das war ganz nach meinem Geschmack. Am Sonntag stand ich bereits zeitig auf. Die junge Rezeptionistin warnte zwar davor, allein an einem Sonntag durch downtown zu gehen, ich fühlte mich aber stark genug, um mir das zuzutrauen. Es wurde ein ganz wunderbarer Spaziergang bei schönem Wetter durch die noch menschenleeren Straßen, vorbei an

19

vielen historischen Gebäuden, die im Sonnenschein strahlten. Kapstadt präsentierte sich von seiner Schokoladenseite. Ich stöberte in einigen Souvenirläden (sehr schönes Kunstgewerbe, hätte gerne etwas gekauft, ging natürlich nicht aus Platzgründen), schlenderte durch die Long Street und landete schließlich an der Waterfront. In der Marina lagen einige Segelboote, stabile, hochseetaugliche

Yachten. Dort unten am Hafen erlebte ich nun wieder einen dieser unbeschreiblichen Momente, in denen man sich kneifen muss, um die Wirklichkeit zu fassen: da sein, vor Ort, an einem weltweit bekannten Platz, hier am Fuße des Table Mountains, pures Glücksgefühl. Mittlerweile pulsierte am Nachmittag das Leben am Hafen. Artisten-, Tanz- und Musikgruppen gaben ihr Bestes, Restaurant und Café sorgten für leibliches

Wohl, in der Shopping Mall konnte ich einen ersten Einkauf tätigen, und dann war es auch schon Zeit, den Heimweg anzutreten. Bei Dunkelheit wollte ich auf jeden Fall wieder in der Unterkunft sein.

25.10.2010

Am Montag machte ich erste Bekanntschaft mit den locals. Ich suchte einen Auto- bzw. Motorradverleih. Die meisten Schwarzen waren ziemlich desorientiert, was ihre direkte Nachbarschaft betraf, gaben mehrmals falsche Auskunft, schienen irgendwie lethargisch.

Nachdem ich ziemlich lange von einem Verleiher zum anderen geschickt wurde, mietete ich einen Motorroller bei einem kleinen Verleiher, einem weißen Südafrikaner. Sehr wohl war mir nicht, es mussten viele Formalitäten erfüllt werden, Versicherung, Risikobeschränkung, zudem teuer, ganz anders als in Asien. Schlussendlich konnte ich losfahren, zum Kap der guten Hoffnung, eine Strecke von ca. 70 km. Die Sonne schien, und obwohl der kühle Wind kräftig von vorn blies, war ich allerbester Stimmung. Der Scooter lief prima: entlang der Südwestküste, an langgestreckten Buchten mit schönen

Stränden, auf dem Steilufer des Chapmans Peak Drive, weiter quer über die Halbinsel an die False Bay nach Simonstown und weiter südlich bis zum Cap of Good Hope. Das gefürchtete Seegebiet präsentierte sich ganz

manierlich, Wind und Seegang hätte ich an diesem Tag auch mit meinem Boot bewältigen können. Den Rückweg wählte ich spiegelbildlich an der jeweils anderen Küstenseite, der Wind schob nun angenehm von achtern. Ganz zum Schluss führte der Weg noch durch Vororte von Kapstadt, reges Leben, rührige Geschäftigkeit, durchweg westlicher Standard.

Da ich für zwei Tage gemietet hatte, musste ich für die sichere Aufbewahrung meines Gefährts sorgen, ein ziemlich kompliziertes Unterfangen. Schon am Vortag waren mir die vielen Schilder der Security Firmen, praktisch

22

an jedem Haus, aufgefallen. Das gab zu denken, vermittelte den Eindruck ständiger Bedrohung und Gefahr, ein ungutes Gefühl. Schließlich durfte der Roller im Hof der Herberge übernachten.

26.10.2010
Am Dienstag erkundete ich die nähere Umgebung, fuhr zur Clifton Bay und Camps Bay, beide bevorzugte Wohngebiete betuchter Südafrikaner (Porsche und BMW vor schmucken Strand-Villen), auf den Signal Hill und kreuz und quer durch die Stadt, herrlich, ein perfekter Start meiner Unternehmung.

From Capetown to Vic Falls

27.10. South Africa – Cederberg Mountain Region
Leaving Cape Town we make our first stop at Table View to purchase any last minute items and take photos of Table Mountain from across Table Bay. We then travel to the Cederberg region and set up camp. Later, we take a guided walk to see San paintings and learn about the local flora and fauna. Tonight, your guide will give a full briefing on the tour.

Als erster trudelte ich sehr zeitig im Büro des Veranstalters ein, wurde begrüßt durch Nicklas, einem jungen, weißen Südafrikaner, er sollte unser Koch sein, und Sina, einer

23

Studentin aus Hamburg, Übersetzerin und Pantry-Hilfe. Sie stellten mich Pilani vor, dem Fahrer und Guide, einem schwergewichtigen Schwarzen aus Simbabwe. Bei ihm waren wiederum einige Formalitäten zu erfüllen, Risikoabsicherungen, Beleg der Krankenversicherung, Bezahlung eines Sonderbetrags in US Währung (für Maut- und Nationalparkgebühren). Nach und nach trafen auch die übrigen Mitreisenden ein. Aus unliebsamen Erfahrungen der Asienreise war ich vorsichtig geworden und hatte die

 Camping-Variante gewählt. In einem Zelt in meinem Schlafzeug wusste ich, wo ich dran war. In durch

gelegenen Betten schlafen zu müssen, wollte ich auf jeden Fall vermeiden. Es sollte sich als richtige Entscheidung herausstellen. Zur gleichen Zeit sammelte sich auch die Reisegruppe der accommodated tour. Ich begann zu mutmaßen, wer wohl in die eine und wer in die andere Gruppe gehören würde. Die überwiegend jüngeren hatten Camping gebucht, die älteren accommodated.

Den Truck mit dem Namen Junior - Bus sollte man nicht sagen, das kränke den Fahrer, der stolz auf sein Gefährt sei, und tatsächlich musste das Fahrzeug enorm viel verkraften an rauen Straßen, ein robuster LKW als Chassis mit einem Bus als Body obenauf - hatte ich bereits in Augenschein nehmen können, kein Raumwunder. Daher war ich voller Spannung, wie groß die Gruppe sein würde. Kurz und gut, Junior war bis auf den letzten Platz belegt, 23 Mitreisende, der Fahrer, der Koch und Sina. Sie brachte Eleganz in Wüste und Buschland, immer schlicht-elegant gekleidet, Hamburger Understatement, auch unter schwierigsten Bedingungen ein wohltuender Anblick. Die Ankündigung einer Übersetzerin hatte wohl einige deutsche Teilnehmer - mit mehr als der Hälfte die stärkste Subgruppe - zur Mitreise animiert. Herzensgute Leute. Trotzdem konnte ich mich nur schwer damit anfreunden, auf die andere Seite der Welt zu fahren und dann von Landsleuten umgeben zu sein. Witze bereits früh am Morgen, die Bundesliga Ergebnisse am Mittwoch und Samstag, Diskussionen über deutsche Sozialpolitik, Meinungsaustausch über Kantinenessen, das hatte ich mir nicht erträumt. Mir schwante Übles, für einen kurzen Moment hatte ich überlegt, die Reißleine zu ziehen und gar nicht erst einzusteigen. Die Enge war vorhersehbar, der fehlende Platz für Gepäck, die langen, ermüdenden Fahrten.

Aber der Zeitpunkt für ein Zurück war verstrichen, das Gepäck wurde verstaut, die Gruppe stieg ein, wir waren unterwegs. Ich hatte einen Fensterplatz ergattert. Martin, mein Sitznachbar kam aus Süddeutschland, Personalmanager, Freund geselliger Runden an der Bar. Als Preuße bediente ich perfekt die gängigen Klischees der Bayern, besonders als ich mich in der zweiten Nacht über zu lautes Feiern beschwerte. Marianne und Susanne aus Schweden sollten meine Reisegefährtinnen werden, zwei Ärztinnen, fast in meinem Alter, die unbedingt original afrikanisches Outdoor- Abenteuer erleben wollten.

Bei einem Stopp in einer Kleinstadt konnten wir uns mit Bargeld, Wasser und Snacks versorgen, während Nicklas und Sina den halben Supermarkt leer kauften.

Am frühen Nachmittag erreichten wir die erste Lodge und Campsite, eigentlich sehr idyllisch in den Cederberg Mountains gelegen. Warum der Veranstalter eine Unterkunft gebucht hatte nur wenige Meter abseits einer der wenigen Fernstraßen und das inmitten einer sehr weitläufigen, schwach bewohnten Landschaft, das konnten wir erst im Verlauf der Reise

26

erahnen. Es gab schlechthin nur ein überschaubares Angebot an mit der Reiseplanung und dem Budget in Einklang zu bringenden Unterkünften.

Die Dusche erfrischte, ebenso der kühle Drink. Das Aufbauen der Zelte stellte sich als leicht heraus, es handelte sich um eine stabile, robuste Ausführung aus dicker, strapazierfähiger Plane, innen mit Stehhöhe und viel Platz für Gepäck.

Lange Hosen, langärmlige Kleidung,  Kopfbedeckung und passendes Schuhwerk angezogen, eingesprüht mit Repellent und Sonnenschutz, fertig war die Gruppe, bereit für einen Bushwalk. Das Konzept unseres Veranstalters sah nicht nur Sightseeing vor. Es legte besonderes Gewicht darauf, ökologische und landeskundliche Aspekte zu vermitteln durch Führungen, Besuche in traditionellen Dorfgemeinschaften sowie durch vielerlei Erklärungen unseres Guides Pilani. Er machte uns mit Daniel bekannt, leicht zu identifizieren als San-Bushman. Klein und hager von Gestalt, außerordentlich quirlig und behände, mit leuchtenden, freundlich blickenden Augen, die üppige Raster-Mähne noch versteckt unter einer weiten Mütze, dieser Mann gewann meinen Respekt durch unverstellte Menschlichkeit. Zügig und ohne große Worte zu verlieren, lotste er uns zu einem nahe gelegenen Felsen. Oh Wunder, zwei Landschildkröten sonnten sich im warmen Licht des späten Nachmittags. Mit einem verschmitzten Lächeln ließ uns Daniel wissen, dass er sie zuvor dort abgelegt hatte. Es sollten aber die einzigen Kleintiere sein, die er im Verlauf der nächsten zwei Stunden aus seinem Rucksack zauberte und wieder in selbigen zurück verfrachtete.

Die afrikanischen Panther-Schildkröten finden sich im ganzen Buschland der Subsahara, sie werden ca. 40 cm groß und bis zu 15 kg schwer, die Männchen behaupten ein Revier. Die beiden Schausteller würden sich nicht vertragen, so Daniel. Buschbewohner wie die San, Herero oder Himba verwerten die Panzer der Schildkröten auf mannigfache Weise, als Behältnisse, Kellen, Teller, Resonanzkörper oder Schmuck. Durch Bast- oder Lederschnüre werden sie tragbar. Medizinmänner nutzen die Exkremente bei vielerlei Indikationen. Verwertbarkeit sämtlicher Gottesgaben, die der Busch bereit hält, scheint notwendige Vorbedingung für ein Überleben unter den widrigen Umständen ständigen Wassermangels, glühender

Tageshitze und kühler Nächte. Kein Zweifel, Daniel hätte keinerlei Probleme zu überleben, aber wir? Während ich dies schreibe, kommt eine Ticker-Meldung über den Monitor: Jährlich werden in Deutschland rund 20 Millionen Tonnen Essen weggeworfen. Schöne Neuzeit!

Mit leichtem, federnden Schritt setzte Bushman seinen Weg fort, die Gruppe folgte willig und interessiert durch das hügelige Gelände, das in der milden Abendsonne eine typisch rötliche Färbung annahm. Dem kundigen Blick entfloh nun nichts mehr, schnell waren eine Blindschleiche  gefunden, verschiedene Käfer, Vogelnester, zahlreiche Spuren größerer und kleinerer Tiere, zwei kleine Skorpione, die sich unter großen Steinen versteckten. Unsere Augen wurden geöffnet für die Kleintiere des südafrikanischen Buschlandes, und die Ausführungen ließen uns staunen ob der Wunderwelt. Wie die Tiere an Wasser kommen, wie sie sich vor Feinden schützen, wie sie der prallen Sonne trotzen, sich paaren und vermehren, es reihte sich eine Wundergeschichte an die andere. Dass sich die Termitenhügel nach Westen ausrichten, weil die Tiere morgens in der sonnenabgewandten Seite ihre riesigen Hügel aufbauen; dass ein Tier das Menstruationssekret immer am gleichen Ort ablegt, wodurch ein harter, steinförmiger Haufen entsteht, der in Stücken als Tee aufgebrüht und dann konsumiert wird als aphrodisierendes, Schwangerschaft beförderndes Lebensmittel; dass fast jede Pflanze als naturheilkundliche Medizin genutzt wird. Darm-, Herz-, Zahnbeschwerden, Rheuma, Schlaf- und Potenzstörungen, eine unerschöpfliche Liste von Indikationen. Placebo-Effekt? Dem Gefühl des Staunens mischte sich nun Bedrückung bei.

Eine Frage wollte mir nicht aus dem Kopf gehen. Warum heißt ein San-Bushman Daniel? Sind es Reminiszenzen aus den Tagen eifriger Missionierung? Oder Adaptation an eine westliche Klientel zum Zweck einer einfacheren Kommunikation? Wer von uns könnte schon einen Namen aus einer in vielen Stämmen verbreiteten Klicklaut-Sprache korrekt aussprechen? Daniel, oder wie immer sein richtiger Name lauten mag, verabschiedete sich mit einem Appell. Er wisse, dass wir für die großen Tiere gekommen sein, den big five, nicht um sie zu erlegen wie in den Tagen eines Ernest Hemingway, nein, nur um sie zu sehen. „But don´t forget my small animals!" Wie könnten wir?! Ganz sicher nicht! Gelungener Auftakt der Safari.

Auch das Dinner, direkt am Truck bereitet, überraschte positiv. Erstaunlich, was Nicklas unter den sehr einfachen Bedingungen für so viele Gäste zustande brachte. Er kochte abends vielfach in einem kugelförmigen, gusseisernen Fleischtopf wie man ihn in den Supermärkten überall finden konnte, speziell geeignet für die Verwendung über offenem Feuer. Südafrikaner, so Nicklas, lieben auf diese Art bereitete Gerichte.

28.10. *Namaqualand – Gariep (Orange) River An early start, then we head north via the distant town of Springbok and then to the Namibia border. We camp on the banks of the Gariep (previously named Orange) River that forms the border between South Africa and Namibia spend another night getting to know each other.*

Frühes Aufstehen machte mir keine Schwierigkeiten, im Gegenteil. Da ich ein Einzelzelt gebucht und es folglich alleine auf - und abzubauen hatte, stellte ich den Wecker sehr zeitig. Einfaches, gutes Frühstück, einen Becher heißen Tee, und wieder waren wir on the road again, durch das Namaqualand, eine Graslandschaft durchzogen von Orangenplantagen und Weinfeldern.
In kurzen Pausen konnten wir uns die Beine vertreten, in Bethanien 20 Minuten Aufenthalt, nicht viel Zeit, um etwas mitzubekommen von

dieser Kleinstadt. Trockenfleisch von Rind und Kudu wurde als Landesspezialität in einer Art Metzgerladen angeboten, ähnlich wie Bündner Fleisch, musste ich natürlich testen, nicht schlecht, aber auch keine kulinarische Offenbarung.

Am späten Nachmittag erreichten wir das Camp am Gariep River, sehr schön gelegen. Ich freute mich darüber, bei angenehmen Temperaturen unmittelbar am Flussufer zu zelten mit einer tollen Aussicht auf die gegenüberliegende Uferlandschaft, die im Licht der untergehenden Abendsonne besonders beeindruckte. Sehr originelle sanitäre Anlagen aus Holz und Reet, das hatte Stil, Safari-Charakter.

29.10. *Namibia – Gariep (Orange) River - Fish River Canyon*
This morning there's the chance to see the beautiful river valley by canoe, or you can just chill out on the riverbank with a view across to Namibia. After lunch we cross the border and travel to the 2nd largest canyon in the world, The Fish River Canyon. After a walk along the

edge of the canyon we watch the sunset and enjoy a fantastic photo opportunity.

Die Hälfte der Gruppe unternahm eine Kanu-Tour. Ich genoss es, etwas die Gegend zu erkunden, am Fluss spazieren zu gehen. Nach dem Lunch setzen wir die Fahrt fort, von nun an auf nicht asphaltierten Schotter-Straßen. Der Grenzübergang gestaltete sich unproblematisch, ein Visum war für Namibia nicht notwendig. Rechtzeitig vor

Sonnenuntergang erreichten wir unser Camp am Fish River Canyon. Pilani fuhr uns zu einem Ausguck, der auf einer Felsspitze weit in den Canon hineinreichte, toller Eindruck dieser gewaltigen Landschaft. Unvergesslich der Spaziergang entlang des Randes in der untergehenden Abendsonne, die silberfarbenen Reflexionen des Fish River ganz unten am Boden des Canyons, die spärliche, kuriose Vegetation, die Weite. Bei einsetzender Dunkelheit wurden wir wieder aufgelesen, das Abendessen war bereitet, wiederum sehr schmackhaft, stille Freude und Genugtuung.

30.10. *Namib-Naukluft National Park*

Further north, the scenery transitions in to true desert. We arrive at the Namib-Nakluft National Park and set up camp, then enjoy a short hike into the Sesriem canyon. Tonight enjoy the star studded sky and enduring silence of the Namib desert.

Die lange Fahrt über die Wellblechpiste in die Namib Wüste brachte ein echtes Abenteuer mit sich, eine Reifenpanne. Dennis, ein stiller, unauffälliger, älterer Mitreisender aus Australien, bemerkte ungewöhnliches Schlingern unseres Fahrzeugs, eines der hinteren Doppelräder hatte keinen Luftdruck mehr. Das Lösen des äußeren Hinterrades gelang nicht mit den Bordmitteln, so sehr sich Pilani auch mit seinem ganzen Gewicht auf den langen Hebel des Schraubenschlüssels fallen ließ. Da

34

standen wir nun in der Hitze des Tages mitten in einer Wüstenlandschaft, Ortschaften oder Reparaturwerkstätten in weiter Ferne. Könnten wir die Reise fortsetzen? Hätten wir genügend Wasservorräte? Wie würde der Truck repariert werden können? Offene, beunruhigende Fragen. Pilani entschied sich, langsam weiterzufahren. Er hatte telefonisch über das Mobilfunknetz Kontakt aufgenommen mit dem Büro in Südafrika, dort nannte man ihm eine Farm in der Nähe, die auf Reparatur spezialisiert war, Glück im Unglück. Schon nach wenigen Kilometern bogen wir von der Straße ab auf einen Weg, der bald zu der Farm führte. Dort lebte ein weißer Farmer mit Frau und Kindern, und es dauerte nicht lange, dann war der Schaden behoben. Schöner Nebeneffekt, mal einen Einblick in das Leben auf einer Farm zu bekommen. Es schien ziemlich abgeschieden, die nächsten Nachbarn weit entfernt. Wie die Kinder damit wohl zurechtkamen, wenn sie mal mit anderen spielen wollten? Sie knuddelten und kuschelten mit kleinen süßen Puppies, ausgleichende Gerechtigkeit, einen unglücklichen Eindruck machten sie nicht.

Mit etwas Verspätung erreichten wir unser nächstes Camp in der Nähe des Sesriem Canyon. Während unser Koch und Sina fleißig brutzelten, hatten wir Gelegenheit, in einen zweiten, viel kleineren, geschätzte 20 m tiefen Canyon einzusteigen. Zwei unerschrockene amerikanische Studenten, Peter und Dennis, zeichneten sich bislang durch jugendlichen Überschwang aus (wie später auch die jungen australischen Mitreisenden). Sie wählten einen ziemlich direkten Abstieg in den Canyon, der kurz vor Erreichen der Sohle das Überwinden einer schiefen Ebene aus Felsgestein von gut zweieinhalb Körperlängen erforderlich machte. David war sportlich und geschickt, bewältigte das Schlussstück problemlos. Peter, deutlich korpulenter, versuchte sich bereits eine ganze Weile, bevor ich mich anschickte, den gleichen Weg zu nehmen. Ich ließ mich einfach auf dem Bauch rutschend runter, abgestützt an kleinen

Vorsprüngen und Spalten. Peter traute sich nicht und gab auf, konnte es kaum fassen, dass ein alter Opa die Turnübung meisterte. In den Augen der beiden hatte ich eine Großtat vollbracht. Die Anerkennung der

36

Youngsters tat richtig gut, fortan hatte ich bei ihnen einen Stein im Brett.

Zwischenzeitlich war auf der Campsite das Abendessen bereitet. Unsere Zelte standen in der kargen Wüstenlandschaft, fern ab von einer Ortschaft. In der Nacht spannte sich ein grandioser Sternenhimmel auf, der mit etwas

Abstand zu den wenigen Lampen der Campsite in voller Schönheit sichtbar wurde. Planeten, die Milchstraße, kleinere Sternenhaufen, Galaxien, solch einen Nachthimmel hatte ich noch nie gesehen, überwältigend. Das Kreuz des Südens hätte ich gerne gesichtet, war aber nicht möglich, da es erst spät in der Nacht aufging, schade.

31.10. *Sossusvlei Dunes - Namib-Naukluft National Park*
Wake before sunrise and travel the short distance to Dune 45. The sand dunes here

are the largest in the world, and a hike to the top is one of the 'must do' travel experiences in Africa. After marvelling at the sunrise over the dunes, a hearty breakfast awaits before we join a local expert on a guided hike of the unique Sossusvlei desert ecosystem. Later we journey onto Solitaire, one of Namibia's smallest towns for another night under the stars.

Bereits sehr zeitig machten wir uns an diesem Tag auf, um eine Stichstraße in die Wüste Namib hineinzufahren. Vor der riesigen Düne 45 wurde geparkt, und dann begann der Aufstieg von knapp einer Stunde! Perfektes Timing: gerade oben angekommen, entwickelte sich das Naturschauspiel des

Sonnenaufgangs über dieser Sandwüste, wirklich beeindruckend. Diese gewaltigen

38

Anhäufungen schimmern im Licht rötlich, hervorgerufen durch feinen, korrodierten Eisenstaub. Die Dünen türmen sich ständig auf, da der Wind regelmäßig mal aus Nord, dann aus Süd weht. Das Wasser, welches alle paar Jahre durch den Sesriem Canyon hier anlandet, staut sich vor den Dünen für kurze Zeit zu einem See von bis zu einigen Metern

Tiefe. Es dauert dann je nach Menge Wochen oder Monate, bis es verdunstet. In dieser Zeit werden Lebewesen reaktiviert, deren Larven auch über Jahre der lebensfeindlichen Wüstenhitze trotzen können, darunter auch kleine Krabben. Diese Delikatesse bringt dann ganze Pelikan-Kolonien dazu, die ca. 50 km weite Reise vom Atlantik ins Hinterland zu unternehmen. Ob sie das für den Gaumenschmaus tun oder für das Auffrischen ihres Gefieder-Rosa, also aus Eitelkeit, es wird wohl ihr Geheimnis bleiben.

All das erfuhren wir, nach einem tollen Frühstück, durch Frans, einen Guide. Wir stiegen um in einen Safari Jeep und fuhren über eine Sandpiste in das wenige Kilometer entfernte Sossusvlei. Frans machte ordentlich Tempo, ging der Gruppe weit voraus, stoppte und erklärte bei fast vollzähliger Mannschaft die unglaubliche Pflanzen- und Tierwelt. Zielsicher fand er kleine Käfer, die nach kurzer Starre von einigen Sekunden wieder in den Sand zurückrutschten und darin verschwanden genauso wie kleine Echsen, die sich Bauch tanzend eingruben und so in Deckung gingen. Spinnen, die sich weit unter der Oberfläche eingebuddelten hatten und nach ca. einer halben Minute hervorkamen, um die Öffnung wieder freizulegen, nachdem Frans etwas Sand hatte einrieseln lassen, allseitiges Staunen. Restlich sprachlos machte aber der Anblick des Feldes (vlei), in dem Jahrhunderte alte, tief schwarze Baumstümpfe in einer immer kleiner werdenden, salzweißen Ebene der Zuschüttung durch die Dünen harrten. Die fortschreitenden Sandmassen trennen zuweilen ein Sossusvlei vom Wasserzufluss ab, die Entwicklung dieser einzigartigen Landschaftsform nimmt ihren Lauf. Es waren noch zahlreiche Geschichten, mit denen Frans aufwarteten konnte: wie er mit seinem Großvater einem Löwen begegnete (der alte Herr hielt ihn in Bruchteilen von Sekunden

 davon ab wegzulaufen und zu fliehen, was den sicheren Tod bedeutet hätte. Stattdessen muss man sich fest aufstellen vor dem König der Tiere und Mannhaftigkeit beweisen Natürlich habe ich mir das gut gemerkt, für den Fall der Fälle und überhaupt :) Wie man in der Wüste das Wurzelwerk einer Pflanze ausdrücken und den Saft trinken kann, wie man in Straußeneiern Wasservorräte im Sand vergraben und horten kann, wie man die Kälte der Nacht überwindet, indem man sich in den Sand eingräbt, und so weiter und so fort. Toll! Tief berührt und zufrieden ertrug ich die weitere Fahrt zu unserem nächsten Camp in Solitär, einer kleinen Ansiedlung von einem Hotel, einem Restaurant, einer Tankstelle und einer Bäckerei mit deutschem Apfelkuchen! Leider war der Bäcker gerade dabei, Feierabend zu machen, Apfelkuchen war ausverkauft. Er erbarmte sich aber und servierte noch einen Becher Kaffee. Dieses

uns so selbstverständliche Nachmittags-
vergnügen vermisste ich inzwischen sehr.
Ein Abendspaziergang zur Landebahn für
Sportflugzeuge sowie zu einem Hügel, von
dem ein weiterer Sonnenuntergang in dieser
weiten Graslandschaft bestaunt werden
konnte, beendete einen weiteren randvollen
Tag.

1./2.11. *Swakopmund*
*After crossing the Tropic of Capricorn, we
travel onto Namibia's Atlantic coast and the
adventure capital, Swakopmund. Here you will
be briefed on the many options available for
the following day. The desert setting makes a
sky dive in this region unforgettable and
quadbiking much more exciting. Try some
fresh seafood at a local restaurant tonight and
join in with the town's vibrant nightlife.
Optional Activities: Quadbiking,
Sandboarding, Sky Diving, Dolphin Cruise,
Scenic Flights, Fishing, Dinner out etc.*

Mit sehr frühem Aufstehen und einer langen
Fahrt begann
auch dieser Tag,
wobei die letzte
Strecke den
Luxus einer
asphaltierten
Straße bot. Am

Atlantik in Walfish Bay angekommen,

42

machten wir Rast an der Waterfront, beobachteten eine riesige Kolonie von Pelikanen in einiger Entfernung vom Ufer. Schöne Häuser am Strand, ähnlich wie in Kapstadt. Bis Swakopsmund waren es nun nur noch wenige Kilometer. Wir stoppten bei einem Anbieter von vielfältigen Freizeitaktivitäten, die uns per Videofilm nahegelegt wurden. Die meisten buchten Quadbiking (durch die Dünenlandschaft pesen auf vierrädrigen, Motorrad ähnlichen Gefährten), zwei wagemutige meldeten sich zum Sky Diving an (Fallschirmspringen, fiel aber wegen zu starker Winde aus), David und Peter gingen auf Hochsee-Fischfang. Ich war froh, einer Pause von zwei Tagen entgegenzusehen, auch mal wieder in einem Bett zu schlafen und genoss es, über etwas Zeit frei verfügen zu können. Ich ging in die Stadt, kaufte mir ein Souvenir (Polohemd mit Namibia-Emblem), trank einen Kaffee und staunte über das Bewahren vermeintlich deutscher Kultur.

Das abendliche gemeinsame Dinner in einem Restaurant blieb leider nicht ohne Folgen. Ich hatte eine Fischplatte bestellt, schließlich waren wir am Atlantik. Warum nur denken so viele Köche, dass der Gast unbedingt mit großen Mengen zufriedengestellt werden muss. Einiges von diesem Berg auf dem Teller hatten mir die Reisefreunde abgenommen, aber eine der Muscheln oder Austern war wohl nicht mehr frisch. Kurz und gut, das Nachspiel dauerte fast die ganze Nacht. Gott sei Dank konnte ich am folgenden Tag regenerieren.

3.11. *Spitzkoppe*

Leaving the coast we head to Namibia's 'Matterhorn'. Spitzkoppe is a huge rocky outcrop where we set up camp in the wild, beneath the mountain. This afternoon there is an included walk to view San paintings. Many people choose to sleep outside tonight to take advantage of the wonderful blanket of stars.

Entspannte Fahrt zur Spitzkoppe, weitgehend auf Asphalt, zu einem Buschcamp mit sehr einfachen sanitären Anlagen, dafür aber wiederum mit toller Landschaft drum herum. Der Guide am  Nachmittag fiel deutlich ab gegenüber seinen

44

Vorgängern. Immerhin gab es gut erhaltene Felszeichnungen zu sehen, mit denen sich die Menschen vor Jahrtausenden verständigten; über die Lage von Wasserstellen, soziales Leben, die besten Jagdgründe etc. Sehr leckeres Essen, über dem offenen Feuer bereitet, Kompliment an den Koch.

4.11. *Himba Tribes*
After some early morning exploration we continue north and drive towards Kamanjab. The Himba are a pastoral people and

predominantly breed cattle or goats, they are easily recognisable by their unique style of dress. We spend some time with the Himba people learning about their unique way of life.

Eine weitere nicht ganz so weite Fahrt gen Norden. Kurz nach unserer Ankunft in dem ebenfalls sehr buschmäßigen Camp stellten sich eine Frau und ein Mann als Führer zu unserem Besuch bei den Himba vor. Sie erklärten, dass es sich bei diesem Kral um ein für Touristengruppen zugängliches Dorf handelte. Man wolle vermeiden, dass die übrigen Stammesmitglieder, die im Norden Namibias ihre traditionelle Lebensform bewahrt haben, durch Außeneinfluss gestört würden. So vorbereitet und bepackt mit einigen Geschenken in Form von Lebensmitteln gingen wir den kurzen Weg in diese Dorfgemeinschaft, von der wir offenbar schon erwartet wurden.

Einige Männer spielten am Eingang des Areals auf dem Boden mit Steinen ein Spiel, das als Brettspiel recht beliebt war (habe mir das später mal erklären lassen, es braucht Training, um es flüssig zu spielen). Langsam schlenderten wir in die Anlage, deren Hütten sich um einen zentral angeordneten, runden Kral gruppierten, ein Gehege aus langen, dicken Ästen zum Schutz der Tiere gegen nächtliche Übergriffe. Vor einer Hütte saßen zwei sehr junge Frauen mit ihren kleinen Kindern. Auffällig die rote Farbe ihres nur mit einem Schurz bekleideten Körpers. Ebenso imposant der Haarschmuck aus Zöpfen und Gestecken. Später war zu erfahren, dass sich die Frauen mit Butterfett eincremen, welches sie zuvor mit einem roten Pulver an mischen. Den weiblichen Mitgliedern des Stammes ist diese Form des Körperkults vorbehalten, die Männer trugen relativ normale, wenn auch sehr zerschlissene Kleidung. Darüber hinaus waschen sich die Frauen traditionell nicht mit Wasser, sie machen eine Art Schwitzkur, indem sie bestimmte Hautbereiche mit einem heißen Stein zum Schwitzen bringen, wodurch sie die alte Schicht Butterfett abtragen und für die neue Schicht vorbereiten.

Dort also standen/saßen wir uns nun gegenüber, das Mittelalter begegnete der Neuzeit. Die einen präsentierten ihr Hightech, die anderen ihre Kinder. Eine der beiden Frauen ließ sich, ganz und gar nicht verschüchtert, nach und nach von jeder/m Einzelnen von uns erklären, ob er/sie verheiratet sei und wie viele Kinder sie/er habe. Unter dem Gesichtspunkt der Fruchtbarkeit fiel die Bilanz überdeutlich zugunsten der Himba Frauen aus. Bis auf die beiden Schwedinnen und Otto, Dennis und Johann konnten keine weiteren Mütter/Väter gegen halten. Und selbst unter der Prämisse, dass viele unserer Gruppe noch in Ausbildung und am Anfang ihrer Berufslaufbahn standen, die Bilanz würde vermutlich auch zu einem späteren Zeitpunkt negativ ausfallen, schließlich waren die Himba-Frauen gerade mal 15 Jahre alt.

Richtig geschockt waren wir davon, dass traditionell den Kindern im Alter von acht Jahren die unteren vier

Schneidezähne ausgeschlagen werden, damit sie die Klicklaut-Sprache besser intonieren können. Tatsächlich fehlten diese Zähne den anwesenden Kindern wie auch denen, denen wir später in einer Kleinstadt begegneten, unglaublich, aber wahr.

5./6.11. Etosha National Park

Etosha National Park is the venue for some of the most unique game viewing experiences in Africa. The sparse grasslands allow great opportunities to see animals normally hidden in denser vegetation. We will go on various game drives, and spend our evenings at the abundant water holes for some excellent game photography. We stay at two of the campsites inside the park to maximise our time game viewing.

Auf unserer bisherigen Tour hatten wir nur relativ selten vereinzelte Tiere gesehen, bestenfalls in kleinen Gruppen, das sollte sich ändern. Am frühen Nachmittag erreichten wir den Etosha National Park, ziemlich weit im Norden Namibias gelegen. Der Park ist berühmt für die Wasserlöcher, die meisten natürlichen Ursprungs, einige künstlich angelegt. Die Tiere kommen dorthin, häufig nachts.

Und tatsächlich, gleich am ersten Loch in der Nähe des Eingangs sichteten wir  Strauße, Giraffen, Kudus und Impallas. Und auf dem Weg ins Okaukuejo Camp (Etosha hat drei Lodges/Campsites, die jeweils ca. 60 km von einander entfernt am Rand der Etosha Pan, einem riesigen Salzsee, liegen) hatten wir noch das große Glück, eines der seltenen Spitzmaulnashörner zu sehen. Es lag ganz nah am Weg unter einem Strauch. Der Motor wurde sofort abgestellt, die Kameras klickten wie wild, das Nashorn erhob sich, drehte sich in unsere Richtung, beäugte das Fahrzeug und legte sich wieder, umhüllt von einer kleinen Staubwolke, ein beeindruckender Auftritt. Das Spitzmaul verleiht den Tieren diese heitere Anmutung und lässt sie so liebenswert erscheinen, dabei darf man ihnen keinesfalls zu nahe kommen, aussteigen streng verboten. Schon im Vorwege hatte ich mir Gedanken gemacht, wie man wohl vor den Wildtieren geschützt wäre. Hier nun war der Park eingezäunt, immerhin eine Fläche von 22.000 km² (Vergleich: Hamburg 755 km²). Alle übrigen Parks, die wir später noch besuchten, hatten keine Zäune, auch nicht um die Lodges/Campsites.

Pilani hatte selbst viel Spaß an den Game Drives, sodass wir an den beiden Tagen unseres Aufenthalts jeweils morgens und am späten Nachmittag ausgiebige Pirsch-Fahrten mit unserem Truck unternahmen. Es gab jede Menge Wild zu bestaunen, Löwen, Leoparden, Elefanten, Giraffen, Zebras, Gnus, Antilopen, Impallas, Spring- und Steinböcke. Auf Empfehlung stand ich mitten in der Nacht auf und ging zum angrenzenden Wasserloch. Es war wie eine Arena angelegt und beleuchtet. Dort spielten drei Nashörner miteinander, eine gute Stunde beobachtete ich ihr Treiben. Ob es sich um Liebkosung oder um Rivalität handelte, war nur schwer auszumachen. Auf minutenlanges, eher verhaltenes Reiben der Hörner folgte zuweilen ein spontanes Schnauben und Zurückweichen, tolles Schauspiel.

Anderntags erlebten wir sogar die Jagd einer Gruppe von Löwen auf ein Zebra. Aufmerksam und kundig entdeckte Pilani zwei Löwinnen, wie sie sich im Gras langsam vorwärts pirschten. Wir folgten, immer einige Meter voran fahrend und den Motor sofort wieder ausstellend. Dann kreuzte eine Gruppe von sieben Zebras den Weg, langsam hintereinander her trottend. Urplötzlich brach die erste Löwin aus und setzte in großen Sprüngen auf ein Zebra an. Dieses erkannte umgehend die Gefahr und galoppierte so

schnell es konnte, in Richtung der Löwengruppe! Eine andere Löwin versuchte den Weg abzuschneide n, das Zebra war zu schnell, die Löwen gaben auf und kamen aus ihrer Deckung hervor. Nun standen dort an die zehn von ihnen ziemlich bedröppelt in der Landschaft. Wir freuten uns für das Zebra, allerdings hätte einer auch gerne gesehen, wie die Meute es gerissen und darüber hergefallen wäre. Wer das war, verrate ich nicht :-)

Die zweite Nacht verbrachten wir im Camp Halali, nicht minder gepflegte Anlage mit guten Sanitäreinrichtungen. Auffallend viele

Geländewagen mit Aufbauten für ein Zelt für zwei Personen, offensichtlich eine beliebte Art, in Namibia zu reisen.

7.11. Windhoek

After an early morning game drive we set off towards Windhoek in the centre of Namibia. On the way we stop at a popular craft market. On arrival in Windhoek there is a short city tour. Tonight a chance to try some game meat and the local nightlife at a restaurant or bar. Optional Activities: Dinner out.

Von Windhoek haben wir praktisch nicht viel gesehen, die Campsite lag weit außerhalb. Das gemeinsame Dinner im Zentrum der Stadt verdeutlichte etwas, was ich bislang schon mehrfach wahrzunehmen glaubte, dass viele Schwarze noch sehr verunsichert sind im Umgang mit Weißen. Die jungen Servicekräfte im Restaurant waren mit der Bedienung unserer Gruppe, speziell mit dem Abrechnen, absolut überfordert. Schlussendlich musste Pilani diese Aufgabe übernehmen. Trotzdem ganz schmackhaftes Essen, schöner Abend.

8.11. Botswana – Ghanzi

An early start, then we cross into Botswana and drive to Ghanzi. After setting up camp we meet with a local San community and experience some traditional Tribal Dancing.

Diese sehr lange Tagesetappe führte uns über die Grenze nach Botswana, nach Ghanzi. Nach dem Abendessen wurden von einer Tanzgruppe Stammestänze dargeboten. Die Frauen saßen ums offene Feuer und klatschten rhythmisch, drei junge Männer mit Rasseln um die Fesseln der Beine bewegten sich stampfend ganz langsam um die Feuerstelle. Insgesamt sieben Tänze mit unterschiedlichen Themen: ein Fruchtbarkeitstanz, Oryx-, Erdhörnchen-, Eifersuchts-, Werbungs-, Heilungs- und Regentanz.

Erschöpft von der Fahrt zog ich mich sehr zeitig zurück. In der Nacht regnete es, das Einpacken der nassen Zelte war nicht sehr angenehm. Die kleine Regenzeit kündigte sich an.

9.-12.11. Maun – Okavango Delta
Our journey takes us from Ghanzi towards Maun. We spend the night here (Maun) and prepare for our 2-night bush-camping experience. Your guides will provide you with a briefing about the next few days' activities and the community run tourism operation. From here we will enter the Delta using local transport. If the water level allows we will take a mokoro ride (traditional canoe) as well as nature walks with the local people. This is a true wilderness area where both animals and people co-exist.

53

Optional Activity: Scenic flight over the Delta (time allowing).

Bereits um die Mittagszeit erreichten wir Maun, den Ausgangsort für Exkursionen ins Okavango Delta. Es war mein Geburtstag, da passte es ausgezeichnet, dass sich die komplette Gruppe bis auf Marianne und Susanne - das war ihnen zu viel Abenteuer - für einen Rundflug über das Delta angemeldet hatten. Wegen des Schlechtwetters stand das Vorhaben etwas auf der Kippe, dann bekamen wir aber grünes Licht. In kleinen Gruppen bestiegen wir die Sportmaschinen zu einem Rundflug von ca. einer Stunde Dauer. Ich durfte als Copilot vorne sitzen. Es ruckelte und rumpelte ganz schön durch einfallende Böen und Luftlöcher, immerhin konnte man aber bei relativ guter Sicht eine Menge erkennen und einen ersten Eindruck von dieser einzigartigen Landschaft bekommen.

Auch hier fließt der Kovango River nicht in einen Ozean, sondern er versickert in der Kalahari Wüste, nachdem er ein riesiges Delta ausgebildet hat. Auf den unzähligen Inseln finden die Tiere idealen Lebensraum, entsprechend gespannt waren wir auf die beiden Tage im Buschcamp (ohne Dusche, nur mit Plumpsklo!). Erst aber versorgten wir uns nach dem Flug mit ausreichend Wasser und sonstigen Utensilien. Dann wurden wir abgeholt von zwei großen, offenen Mercedes LKW, die uns ein gutes Stück in das Delta zu einer Wasserstelle brachten. Dort warteten bereits zahlreiche Mokoros, das sind Kanus, vormals Einbaum-Boote, heute zum Teil aus GFK, mit Platz für jeweils zwei Personen.

Ein/e PolerIn, eine Art Gondoliere, stakste das Boot mit einer langen Stange durch das seichte Wasser, andere Boote beförderten das Gepäck.

Nach ca. anderthalb Stunden Fahrt u.a. durch einen wunderschönen Waterlilly Garden erreichten wir die Insel, auf der wir unsere Zelte aufschlugen. Den Platz teilten wir mit den ca. 15 Locals, die uns so kundig hierher geschippert hatten.

Jeden Morgen und am Nachmittag machten wir einen Bushwalk in kleinen Gruppen mit jeweils einem Guide. Das Gelände war durchpflügt von Tierspuren, gesichtet habe wir allerdings außer einer großen Herde Zebras nicht allzu viele andere Tiere. Nachts hörten wir aber das Brüllen eines Elefanten aus ziemlicher Nähe. Marianne und Susanne waren anderntags leicht irritiert, aber überglücklich. Eigentlich sollte zwischen den Zelten genügend Platz gelassen werden, damit die Tiere ihren Weg finden konnten. Aus Platzmangel war das bei ihrem Zelt nicht möglich, Glück gehabt. Am Abend des zweiten Tages stand noch eine sunset cruise mit den Mokoros auf dem Programm. Elegant glitten die schlanken Kanus durch Flachwasser und Schilf bis zu einem kleinen See, in dem ein Flusspferd ab und an sein riesiges Maul aufriss. Die Poler blieben respektvoll in sicherer Entfernung, Hippos sollen die gefährlichsten von allen Wildtieren sein.

Am Abend wurde mir die Aufgabe angetragen, das Trinkgeld zu überreichen. Die überwiegend jungen BotswanerInnen führten zuvor mehrere Tänze und Gesänge auf, in Erwiderung waren auch wir aufgefordert, Lieder zu singen. Die Bayern präsentierten sich mit dem Lied „Die alten Rittersleut", ich versuchte gegenzuhalten mit „Ick heff mol en Hamborger Veermaster sehn", klang leider etwas schief. Schöne Lieder hörten wir von den Schwedinnen und ein Solo gab es von Fujio, dem einzigen Japaner. Dann konnte ich endlich meine kleine Rede halten und den Tipp überreichen. Dafür gab es auch noch anderntags viel Anerkennung, das freute mich.

Der Chef der Poler steuerte auch auf der Rückfahrt das Boot, in dem ich saß. Ich hatte ihm wohl am Abend zuvor imponiert, er gab sich besonders viel Mühe, einen nachhaltigen Eindruck von seiner Heimat zu vermitteln. Als letzter ließ er die anderen Mokoros weit vorausfahren, bis sie nicht mehr zu sehen und nur noch entfernt zu hören waren. Übrig blieb das Glucksen des Wassers am Bug und Stille, eine schöne Geste. Was ich mit seiner Visitenkarte anstellen soll, ist mir ein Rätsel.

Er steckte sie mir am Schluss zu, hoffentlich nicht mit zu viel Erwartung.

13.11. Gweta

We leave the Delta behind us and travel east to Gweta, which is located halfway between Maun and Nata, near the Makgadikgadi Pans National Park. You can explore the bush around our campsite and view some of oldest Baobab trees in the area.

Das Camp in Gweta imponierte durch den Safari Stil der Rezeption, der Bar und der Lodges mit ihren großen, Reet gedeckten Dächern, die fast bis zum Boden ausluden, sowie durch mehrere riesige Affenbrotbäume, den Baobab Trees. Diese Bäume wachsen in Stamm und Blattwerk so merkwürdig und ungewöhnlich, so dass sich vielerlei Mythen um sie gebildet haben.

„Nach einer weit verbreiteten Vorstellung riss der Teufel den Baum aus und steckte ihn anschließend mit den Zweigen zuerst in den

Boden, so dass die Wurzeln nun in die Luft ragen. Einer anderen Erzählung zufolge wollte der Baum bei seiner Entstehung schöner als alle anderen Bäume werden. Als ihm dies jedoch nicht gelang, steckte er seinen Kopf in die Erde und das Wurzelwerk ragte gegen den Himmel. Aus dem Reich der Schöpfungsmythologie erschließt sich uns eine weitere Erklärung: Als am Anbeginn der Welt die Hyäne beim ersten Blick ins spiegelnde Wasser ihre eigene Hässlichkeit erkannte, war sie darüber sehr erzürnt. Sie riss einen Baobab aus und schleuderte ihn gen  Himmel, um ihren Schöpfer zu treffen, der ihr dies angetan hatte. Der Baum jedoch verfehlte sein Ziel, stürzte zurück zur Erde, blieb dort umgekehrt im Boden stecken und wächst seither mit den Wurzeln nach oben." aus Wikipedia. Sie scheinen einen wichtigen Aspekt der afrikanischen Erlebniswelt widerzuspiegeln.

14.11. *Chobe National Park*

Chobe National Park is our next destination near Kasane. This afternoon we take an included sunset boat cruise, as the animals are best spotted from the Chobe River. Our campsite has a lively atmosphere where you can meet other travellers. The next morning there is the option to go on early game drive.

Bei der Ankunft in Kusane hielt sich das Wetter noch, zumindest regnete es nicht. Auf dem game drive konnten wir so ungestört eine große Population von Elefanten beobachten. Praktisch hinter jeder Wegbiegung kamen neue Tiere in Sicht, zum Teil standen sie in Gruppen unter einem Baum oder liefen direkt vor unserem Jeep her. Da die Vegetation

keinesfalls üppig erschien, fragten wir uns, womit die Dickhäuter ihren gigantischen Hunger stillten. Es wurde berichtet, dass viele Tiere aus dem benachbarten Angola in den Chobe Park fliehen, da nördlich des Chobe Rivers kriegsähnliche Zustände herrschten und sicherlich unkontrolliert gewildert wurde.

Die abendliche sunset boat cruise wurde überschattet vom Durchzug einer Gewitterfront. Wir waren bereits eine gute Stunde auf dem Fluss unterwegs, als heftige Böen mit viel Regen über unser Ponton-Boot fegten. Das war nun wirklich kein seetüchtiges Schiff. Zudem waren die meisten auf den kühlen Wind nicht vorbereitet, nur mit T-Shirt und kurzen Hosen bekleidet, kaum jemand hatte eine Regenjacke. Meine Initiative, die Ausfahrt zu verkürzen und den sicheren Anleger anzusteuern, scheiterte an Felix und Arianne, die auf ihre Kosten kommen und nichts verschenken wollten. Und tatsächlich, wir wurden noch reichlich belohnt durch den Anblick vieler Nilpferde, Krokodile und Büffel. Ich suchte Schutz im Klo-Häuschen,

nicht minder guter Ausblick bei geöffneter Tür. Dort drängte es sich bald und es wurde richtig kuschelig. Das Zelten machte nunmehr keinerlei Spaß mehr, zum Glück war es die letzte Nacht.

15.11. *Zimbabwe - Victoria Falls*

On arrival in Victoria Falls we have time to plan the next day's adventure activities before we visit the spectacular Victoria Falls National Park and experience the thundering of the mighty Zambezi. The popular optional sunset cruise includes dinner and drinks. Optional Activities: Chobe morning game drive, Sunset Cruise Dinner out.

Den Grenzübergang nach Simbabwe und die kurze Strecke bis Vic Falls bewältigten wir flott, so blieb genügend Zeit für den Besuch

der Viktoria Fälle. Man geht dort einen angelegten Weg entlang einer sich tief in die Ebene schneidenden Schlucht. Urplötzlich erscheinen dann die Fälle, und die Überraschung ist perfekt. Dort sieht man die Wassermassen über 100 m in die Tiefe stürzen, und selbst bei Niedrigwasser im

November ist dieser Anblick atemberaubend. Das meiste Wasser führt der Sambesi im Mai, dann entsteht auch der berühmte Regenbogen in den Gischtwolken. Der Weg führte nun in östlicher Richtung durch tropische Vegetation zu immer neuen Aussichtspunkten bis dahin, wo der Fluss gen Süden abfließt. Über diesen Abschnitt spannt sich die berühmte, 1905 errichtete Vic Falls Bridge. Erstaunlich, dass selbst am Danger Point keine Reling angebracht war, ungehinderter Zugang und Blick in die Tiefe, nichts für Menschen mit Höhenangst.

Den Abschluss der ersten Tour bildete das gemeinsame Dinner im Restaurant Mama Afrika. In fröhlicher Runde genossen wir gutes afrikanisches Essen, begleitet zur Rechten durch Tanz  und Gesang einer Gruppe nur leicht bekleideter Männer, als es plötzlich zur Linken rumste und ein Teil der Mauer wegbrach. Ein Elefant steckte seinen Kopf darüber und versuchte, mit seinem Rüssel einen Ast des Mangobaums herunterzureißen. In Windeseile zückten alle die Kamera und blitzten ganz fürchterlich, so dass sich das Tier schnell verzog. Was wohl passiert wäre, hätte es sich anders entschieden und wäre einmal durch das Restaurant gerauscht?! Vic Falls ist ein kleines gemütliches Städtchen, liegt mitten im National Park ohne jegliche Absperrung durch Zäune. Ich mochte es sehr. Die Anspannung dieser Reise konnte von mir abfallen, die Enge des Trucks, die große Gruppe, die langen Strecken, die Hitze, von all dem konnte ich mich erholen in der einfachen, aber sauberen Lodge.

16.-19.11. *Victoria Falls*

These 2 days are shared between relaxing and getting mundane things like laundry out of the way and taking part in some of the amazing adventure activities on offer here. The Zambezi White Water Rafting still boasts the most grade-5 white water to be commercially tackled and this is a serious must-do activity for most people. If braving the white water, or bungy, is not for you then the lion walk or elephant encounter are both amazing options, it's a totally different experience to meet one of these creatures up close!

Optional Activities: White Water Rafting, Bungy Jump, Elephant Excursion, Walking with Lions, Horse Riding, Micro-light, Flight of the Angels, Skydiving etc.

Am 17.11. verabschiedeten sich nach dem Frühstück fast alle anderen, nur Essmee, eine hübsche Studentin aus den Niederlanden und Karl, ein sehr schweres Schwergewicht aus Franken setzen mit mir die Reise fort. Mit ihm geriet ich aneinander, hätte unter anderen Umständen freiwillig nie fünf Wochen auf engem Raum verbracht, ein weiterer Grund, weshalb mein Bedarf an Gruppenreisen vermutlich gedeckt ist.

Ein Teil der Gruppe flog von Vic Falls in die Heimat, ein anderer Teil fuhr schnurstracks mit Junior nach Johannesburg, um von dort die Heimreise anzutreten. Ich genoss die Ruhe und spazierte einfach durch Vic Falls, ein herrlich verschlafenes Nest. Es war ziemlich heiß und drückend, sehr weit führte mein Weg nicht. Ich schlenderte über einen Kunstgewerbe Markt, auf dem es mir zwei Skulpturen von ca. 1 m Höhe angetan hatten. Die eine bestand aus einer wundervoll gearbeiteten Rückenpartie, viele junge Afrikaner beiderlei Geschlechts sind ja in dieser Hinsicht beneidenswert ausgestattet. Die

andere Skulptur stellte eine Dame dar, eine seitwärts bückende, einladende Bewegung andeutend mit einem ernsten und zugleich wohlwollend freundlichen Gesichtsausdruck. Ich erkundigte mich nach Preis und Frachtkosten und ließ sie dort stehen, eigentlich schade. Beide wären eine Zierde für jede/n Terrasse/Garten und ein Augenschmaus dazu.

Am 18.11. führte mich der Weg zum Vic Falls Hotel, welches zeitgleich mit der Brücke gebaut wurde, ein symmetrisch gespiegelter Gebäudekomplex, dessen zentrale Achse exakt den Mittelpunkt der Brücke trifft. Man sieht also beim Durchschreiten des Hotels auf dem Weg zur Terrasse bereits die Brücke im Hintergrund, genial. Ich gönnte mir einen Cocktail, verfolgte das Einholen der sambesischen Flagge, das Spiel der freilaufenden Affen und genoss die

Abendsonne, die Haus und Garten in ein mildes Licht tauchte. Zufrieden und leicht angetüddelt schnurrte ich heimwärts.

Am 19.11. stieg langsam die Spannung über die Zahl der Mitreisenden auf der zweiten Tour. Ich hoffte inständig, dass es nicht noch einmal so viele sein würden. Tommy, der neue Truck, stand bereits auf dem Hof. Er unterschied sich nur geringfügig von Junior.

Am Vortag hatte ich einen Fahrradverleih ausfindig gemacht, dort mietete ich mir für den Tag ein Bike, fuhr damit stadtauswärts, kehrte ein in einer schönen Lodge am Sambesi, beobachtete Touristen in einem Ausflugsboot, wie sie am Ufer von einer Combo verabschiedet wurden, radelte ganz entspannt den Sambesi River Drive zurück, legte unterwegs etwas zu an Geschwindigkeit aus Angst, dass  möglicherweise doch ein Tier von irgendwoher heran springen könnte, machte einen Abstecher zur Brücke, beobachtete die mutigen Bungee Jumper, die sich in die Tiefe stürzten (Höhe der Brücke: 110 m!) und konnte nicht widerstehen, mich zum High Tea auf die Terrasse des Vic Falls Hotel zu begeben.

Natürlich war die Portion viel zu groß, von allem konnte ich nur probieren. Die englische Küche hat ja keinen allzu guten Ruf und die Zusammenstellung der Etagere mit Sandwiches, Cake und Scones erscheint ebenfalls strange, trotzdem leckeres Vergnügen, ein Muss in Vic Falls.

From Vic Falls to Nairobi

***20.11.** Zambia – Lusaka*
There is an early morning transfer from Victoria Falls, across the border and in to Zambia. We journey towards the bustling Zambian capital of Lusaka where we see locals going about their daily business. You will notice the vegetation becoming sub-tropical and the roads a little rougher.

Am Morgen hatten wir Gewissheit, wir waren zu dreizehnt, dazu ganz wunderbar international gemischt. (Lara, Tim, Jack und Patrick aus Australien, Elisio aus Brasilien, Rebecka und Franziska aus der Schweiz, Kevin aus Südafrika, Gisell aus England, Essmee aus Holland, Karl, Alexadra und ich aus Deutschland, ein Truck voller Joungsters mit einem Oldie mittendrin). Mir fiel ein Stein vom Herzen, fühlte mich beschwingt. Erstaunlich wie selbstverständlich die jungen Leute die Welt bereisten.

Die Gruppe wuchs zusammen, gute Stimmung. Kevin und Patrick waren frisch verpartnert, brachten richtig Schwung in den Laden, enorm viel Drive schon am frühen Morgen. Es wurde richtig still, als sie am vorletzten Tag die erschöpfte Gruppe verließen. Woher nehmen sie nur die Power, mitten im Ngorogoro Krater Arien aus Phantom der Oper zu schmettern?

Besonders Essmee, aber auch die anderen machten sich über mich lustig, wenn ich bei einbrechender Dunkelheit und tropischen Temperaturen meine lange Hose und das langärmlige Hemd anzog ganz nach dem Motto: Hautstellen bedecken. Es war aber ein gutmütiges Verwundertsein über meine Vorsicht, ich fühlte mich angenommen im Jugendheim.

Und dann stellten sich Tabani und Gottfried vor, unser neuer Guide und neuer Koch, dessen Hautfarbe der einer Edelbitter-Schokolade nahe kam, also eher schwarz als braun, diesmal beides Einheimische aus Simbabwe. Wie sie wohl unterschiedlich sein würden zu Pilani und Nicklas? Übersetzung brauchten wir nicht, alle konnten sich gut auf Englisch verständigen. Es konnte losgehen.

Schnell war die Grenze zu Sambia erreicht, im nahegelegenen Livingston wurde ein kleiner

Vorrat an Lebensmittel gekauft. Die Fahrt nach Lusaka zog sich hin, zumal wir in den Feierabendverkehr gerieten. Dummerweise mussten wir einmal ganz durch die Stadt zu unserer Campsite und anderntags im morgendlichen Verkehr wieder zurück, um letzte Besorgungen zu machen. Die gute Stimmung ging aber nicht verloren. Immerhin sahen wir dadurch etwas von Lusaka, eine Stadt, die noch sehr daran arbeiten müsste, wollte sie einen Preis gewinnen für Architektur, Umwelt oder sonst ein hehres Ziel.

In Botwana fing es an, von nun an war es die Regel: die Campsites waren hermetisch abgeriegelt durch ein großes Tor und Mauern, die einen Einblick und natürlich auch den Ausblick verhinderten. Aufsperren, reinfahren, schließen. Jeglicher Kontakt mir der Außenwelt so gut wie unmöglich. Es gab sogar Camps mit bewaffnetem Wachpersonal. Ganz ohne Grund wurde das sicher nicht gemacht. Mein Zelt teilte ich nun mit Eliseo, einem Brasilianer mit japanischen Wurzeln. Sehr angenehmer, praktisch veranlagter, verträglicher Zeitgenosse, wir kamen ausgezeichnet miteinander klar.

21.11. Chipata
Today is a long drive through lush country, crossing rivers enroute to Chipata, the gateway to the South Luangwa National Park.

Zambia is truly African and an adjustment from the more western ways of Southern Africa. There are many rural villages and farming communities.

Beim Shopping in Lusaka staunten wir nicht schlecht, welche Mengen Gottfried in mehrere große Einkaufswagen lud. Er vertraute offensichtlich darauf, dass die Kühlung für Fleisch, Fisch, Milch und Gemüse auch über viele Tage funktionieren würde. Ich war extrem skeptisch. Solange der Truck lief, hatte ich keine Bedenken. War der Motor abgestellt, musste die Truhe die Temperatur halten, sofern kein Landstrom verfügbar war. Stromausfall hatten wir aber mehrfach erlebt. Auch sah ich in zwei Supermärkten, wie ein Angestellter die komplette Ware aus der Truhe nahm, offensichtlich war die Kühlkette unterbrochen. Um es vorwegzunehmen, die Kühlung hielt, Gottfried kochte professionell, seine Kost haben alle bestens vertragen, Respekt!

Die Fahrt nach Chipata streckte sich, schien endlos. Erleichterung als wir dort ankamen. Gern hätte ich mal Halt gemacht in einem der kleinen Dörfer, in denen auf bunten Märkten neben Obst, Gemüse, Holzkohle, Lebensmitteln auch Kunsthandwerk angeboten wurde, Stoffe, Flechtwerk etc. Der Fahrplan erlaubte es leider nicht, wir mussten weiter. Recht grüne Landschaft,

Teeplantagen, Sisalfelder, Rundhütten, wir waren tief im richtigen Afrika angekommen.

22.11. *South Luangwa National Park*
Early in the morning we drive from Chipata to the border of the South Luangwa NP where we spend two nights at our campsite right on the bank of the Luangwa River. You can often see Hippo and other animals from the campsite bar. The park is known for its high concentration of leopards and hippos. The next day we visit the community run tribal textile project and a local village. Later this afternoon we enjoy a guided afternoon game drive. On occasion, in the rainy season it is impossible or inadvisable to attempt to reach South Luangwa NP, if this happens an alternative itinerary will be chosen. Optional Activities: Morning Game Drive and Game Walk in South Luangwa NP

Die Regensaison hatte noch nicht richtig eingesetzt, die Straße in den South Luangwa NP war frei, eigentlich. Auf fast  der gesamten Länge wurde sie erneuert, befahrbar war lediglich ein provisorisch hergerichteter Seitenstreifen. Für die 150 km benötigten wir ca. 5 Stunden, ein endloses Geschüttel und Gerüttel, entnervend. Belohnt wurden wir allerdings mit einem tollen Camp mit Pool, Bar, guten sanitären Einrichtungen in der außergewöhnlich schönen Flusslandschaft des Luangwa River. Am Abend gleich nach dem Dinner ging es mit Safari Jeeps auf eine abendlich nächtliche Pirschfahrt in den Park. So sehr viel Wild gab es nicht zu sehen, war trotzdem schön.

Des Nachts hörte ich ein lautes Kau-Geräusch und Schnaufen in unmittelbarer Nähe unseres Zeltes. Vorsichtig wagte ich einen Blick aus dem Fenster, und tatsächlich graste keine fünf Meter entfernt ein Hippo. Nachts kommen die Tiere an Land, um zu fressen, tagsüber bleiben sie im Wasser. Ganz vorsichtig und lautlos legte ich mich wieder schlafen.

Am 22.11. machte fast die ganze Gruppe einen weiteren optionalen game drive. Mir war es lieber auszuruhen. Zusammen mit Gisell und Essmee ging ich zum Frühstück in die benachbarte Lodge. Anschließend relaxten wir am Pool, eine sanfte Brise sorgte für angenehmes Klima, perfekt. Zum Lunch kehrten die anderen zurück.

Nachmittags besuchten wir in kleiner Gruppe ein Geschäft mit lokalem Kunsthandwerk. Es hatte schon fast den Charakter einer eleganten Boutique, war mir zu sehr gestylt. Anschließend Stopp in einem local village. Die Kinder waren ganz verrückt danach, fotografiert zu werden und sich auf dem Display zu sehen. Wir erhielten Einblick in eine Rundhütte, bekamen Auskunft über die Lebensweise. Die Frauen sitzen traditionell auf dem Boden, die Männer auf Stühlen. Auch wir mussten uns daran halten :) Der Tag schloss ab mit einem tollen Abendessen, Grillfleisch, Kartoffeln und Gemüse. Bravo Gottfried!

23.11. Malawi - Luwawa Forest
We depart from South Luangwa early and cross the border in to Malawi where we begin climbing in to the mountains that border the Malawian shores of Lake Malawi. In these higher areas there is a lot of commercial forestry and the cooler climate can be a very pleasant change from the more humid temperatures below. Luwawa Forest camp are winners of the 2008 'Community Development Work and Sustainable Tourism Award'. Take a hike to the viewpoint to see the Lake form above, or rent a Mountain Bike for some exciting riding.
Optional Activities – Mountian Biking, Abseiling, Rock Climbing, Fishing, Canoeing Sailing…

Die Abfahrt war sehr früh angesetzt, schließlich sollte es weit nach Malawi hinein gehen, dazu noch der Grenzübergang. Aber es sollte ganz anders kommen. In der Nacht wurde der Truck aufgebrochen, alles Gepäck ca. 200 m weit in den Busch geschleppt, dort ausgekippt und nach Wertsachen durchsucht, die selbstverständlich geklaut wurden. Jack hatte den Bruch als erster entdeckt, alle waren im Nu informiert und zur Stelle. Schlimme Szene, blankes Entsetzen! Würde man die Reise fortsetzen können? Wie sollte man sich behelfen? Besonders hart war der Verlust der Kameras, genauer gesagt der

Bilder. Mir persönlich war lediglich eine kleine Tasche mit Schmutzwäsche abhanden gekommen, ich hatte den Rest in meinem Zelt untergebracht. Plötzlich neue Kunde. Jemand

hatte das Gepäck in einiger Entfernung am Boden verstreut gesichtet. Wir eilten dorthin und fanden die Textilien. Zumindest das Kleidungsproblem war gelöst.

Der Manager bot uns ein Sonderfrühstück an. Zeit, in der wir auf die Polizei warteten. Es zog sich hin. Schließlich konnten wir die Sachen einpacken und das Camp verlassen in Richtung Polizeistation. Dort wurde der jeweilige Verlust aufgenommen, obwohl kaum Hoffnung bestand, die verlorenen Gegenstände jemals wiederzusehen. Telefon, Internet, PC suchte man dort vergebens.

Mit großer Verspätung machten wir uns auf den Rückweg über die selbe Ruckelpiste. Als wir uns am frühen Nachmittag Chipata näherten und Tabani sich anschickte, das selbe Camp wie auf der Hinfahrt anzusteuern, regte sich bei mir Widerstand, aufgewärmten Kaffee finde ich wenig attraktiv. Ich erfragte die Meinung der anderen und schlug vor, die verbleibenden Stunden bis Einbruch der Dunkelheit zur Weiterfahrt nach Lilongwe, der Hauptstadt Malawis, zu nutzen. Nach Rücksprache mit dem Veranstalter bekamen wir das o.k., hurra! Es ging also an diesem Tag über die Grenze und weiter in die Hauptstadt.

Elisio war gekniffen, Brasilianer benötigen vor Einreise ein Visum, alle anderen konnten selbiges an der Grenze erwerben. Wie häufig in Afrika half harte US Währung. Schade um das Geld, aber wir konnten passieren.

Die Suche nach der Campsite gestaltete sich etwas schwierig, auf diese Weise sahen wir aber zumindest ein wenig von der Stadt.

Der Schock am Abend: Karl hatte den ihm anvertrauten Schlüssel für den Safe verloren, dort waren Pässe und Bargeld eingeschlossen. Lara fand ihn, irgendwo unter einem Sitz, erleichtertes Lachen!

24./25.11. Central Lake Malawi
The road down the mountain from Luwawa to the lake shore is scenic and quite exciting. We take a break from travelling with a couple of

relaxing days at Kande Beach Village on Lake Malawi. There is lovely white sand and lots of water sport and leisure activities available. We will also visit a local village for some cultural interaction here.
Optional Activities: Scuba diving, parasailing, windsurfing, fishing, canoeing, horse riding, craft shopping, hiking and more.

Am frühen Morgen deckten sich Essmee und Lara mit einer neuen Kamera ein. Beide hatten nach dieser Reise noch Unternehmungen vor: Essmee wollte zwei Monate in einem Waisenhaus arbeiten. Lara schloss noch eine weitere Fahrt nach Uganda an, sie wollte Orang Utans sehen. Dann kamen wir los und erreichten mit einem Tag Verspätung bei strömendem Regen den Luwawa Forest. Man hätte meinen können, im Schwarzwald, in Österreich oder der Schweiz zu sein. Schöner Mischwald auf ca. 1500 m Höhe, intensive Forstwirtschaft. Bei besserem Wetter hätte es sicherlich Spaß gemacht, dort mehr Zeit zu verbringen.

So ging es bereits am Folgetag weiter an den Lake Malawi an den Kande Beach, an dem wir allerdings anders als geplant nur einen Tag bleiben konnten, wir waren ja in Verzug. Es war ein schöner Platz, an dem es mir spontan sehr gut gefiel. Gemäßigte Temperaturen, der große See, klares Wasser, toller Strand. Nicht erstaunlich, dass sich hier auch einige Trucks anderer Reiseveranstalter einfanden. Overlanding scheint ziemlich beliebt und verbreitet im südlichen Afrika.

Ich nutzte den Tag, um am Strand spazieren zu gehen, kam mit einer Gruppe von Fischern ins Gespräch. Einer von ihnen zeigte mir die Hütten seiner Familie, kein Strom, kein fließendes Wasser, kein Fernsehen.

Auf dem Rückweg fing es an zu regnen, ich stellte mich am Strand unter, wie auch andere Locals. Irgendwann tropfte es durch das Reetdach, dann wurde ich eingeladen in eine trockene Hütte. Dort warteten wir ziemlich lange, bis der Regen schwächer wurde. Gelegenheit, jede Menge Fragen zu stellen und über Land und Leute zu lernen.

Dass ich mir später noch den Katamaran am Strand ausleihen musste, verstand sich von selbst. Etwas zu wenig Wind, hat trotzdem Spaß gemacht.

26./27.11. *Northern Lake Malawi*

Leaving Kande Beach we travel north to Chitimba, a small village by the lake with more white sandy beaches. Livingstonia Mission is at the top of the nearby mountains. You can hike up to the village, but be warned, this is not a relaxing stroll… there is a beautiful waterfall and interesting permaculture project on the way and it is possible to spend the night up there. Alternatively spend another 2 relaxing days on the beach. Optional Activities: Hike to Livingstonia Mission, Abseiling, Water sports etc.

Das zweite Camp weiter nördlich am Lake Malawi war nicht minder klasse. Es wurde von einem Holländer geführt, der dort hängen geblieben war.

Am ersten Tag erkundete ich die Umgebung, begegnete auf dem Weg in die kleine Ortschaft vielen Kindern. Sie kamen von einer nahegelegenen Schule. Da musste ich natürlich mal vorbeischaue n. Auf dem, durch die drei U-förmig angeordneten Schulgebäud e begrenzten,  von allen Seiten frei zugänglichen Schulhof traf ich einen Lehrer an, dem ich mich vorstellte und mein Anliegen vortrug, eine Klasse sehen zu dürfen. Er öffnete zunächst einen leeren Klassenraum, der sogar über Tische und Bänke verfügte. An der Wand eine Tafel, die über die Zahl der Jungen und Mädchen dieser Sekundarstufen-Klasse Auskunft gab: 24 Jungen, 25 Mädchen. Im gegenüberliegenden Gebäude war gerade Mathematik-Unterricht in einer Grundschulklasse. Ich durfte hineinplatzen, ca 80 - 90 Augenpaare schauten mich an. Die Jungen und Mädchen saßen auf dem Boden, ohne jegliches Unterrichtsmaterial. Ich grüßte und erzählte in Kürze von mir, dann wollte ich nicht   länger

stören.
Am zweiten Tag unternahm ich gemeinsam mit Rebecca einen Ausflug nach Livingstonia. David Livingston hatte, bereits mit Malaria

infiziert, dort eine Station zu Behandlung dieser Krankheit errichtet auf ca. 1600 m Höhe. Lara und Elisio waren schon früh am Morgen aufgebrochen, sie wollten die Strecke zu Fuß laufen. Wir hingegen wollten uns das bei der Hitze nicht antun und hofften stattdessen auf einen Lift. Wir gingen zu der Abzweigung und warteten mit vielen anderen auf ein Fahrzeug. Immerhin lebten in der Ansiedlung ca. 2000 Menschen. Es kam dann prompt ein geschlossener Jeep, sogar mit Aircondition. Kirchenmänner auf dem Weg zu einem Konvent. Einige Menschen stürzten sich darauf, man winkte uns heran und wir durften mitfahren, für kleines Geld. In Serpentinen ging es steil nach oben. Mitten im Wald öffnete einer der Pfaffen das Seitenfenster und entsorgte seine Wasserflasche, ohne jedes Zögern, wie selbstverständlich! Wir besuchten das Museum und die Kirche, liefen Lara und Eliseo über den Weg, genehmigten uns eine Pause, traten langsam den Rückweg an und hielten den Daumen raus, wenn eines der seltenen Fahrzeuge vorbeikam. Dann hielt ein LKW, auf dessen Ladefläche bereits mehrere Fahrgäste Platz gefunden hatten. In den steil abschüssigen Passagen rutschten alle immer weiter nach vorn, man kam sich nicht nur mit den Füßen ins Gedränge. Berührungsängste hatte niemand.

28.11. *Tanzania – Iringa*
Today we leave Malawi and enter Tanzania. We ascend out of the Great Rift Valley through some spectacular mountain passes, passing vast tea plantations in the highlands before arriving at our camp outside Iringa.

Sehr frühes Aufstehen, Grenzübergang, lange Fahrt nach Iringa, schöne Campsite mit toller Lodge, gutes Dinner im Restaurant. Da Karl in Dar Es Slaam die Reise beendete, versammelten wir uns zu seinem Abschied in der Bar.

29.11. *Dar Es Salaam*
Today we transit through Mikumi National Park, the 4th largest National Park in Tanzania, to the historical port city of Dar es Salaam, gateway to Zanzibar. The city is one of the oldest settled cities in East Africa and, although not the capital, is the chief commercial centre of Tanzania.

Die Fahrt nach Dar Es Salaam war gar nicht so schlimm, obwohl sehr lang. Das

83

Übel fing eigentlich erst in der Stadt an, als wir bei sengender Hitze im Stau an einer Ampel standen. Die Phasen dauerten endlos. Schließlich erreichten wir den Hafen. Karl verabschiedete sich, wir wünschten alles Gute. Um zu unserem Camp zu gelangen, nahmen wir die Fähre, setzen mit dem Truck über, konnten bald darauf im indischen Ozean ein erfrischendes Bad nehmen, schöner Strand.

30.11.-2.12.Zanzibar

A local ferry will take us from Dar Es Salaam (where we leave the truck) to Stone Town, the capital of Zanzibar. We spend the first night exploring the historical and unique architecture. There are also spice and seafood markets and the island is known for its endangered red colobus monkeys, adopted as the flagship species for conservation in Zanzibar. The following day we take a transfer to the northern part of the Island where we will spend 2 days relaxing on the beach. Optional Activities: Lunch & Dinner, Swimming with Dolphins, Scuba Diving, Snorkelling.

Am Morgen den gleichen Weg retour, zum Anleger der Fähre nach Zanzibar. Allerdings nur mit wenig Gepäck und ohne Tommy. Die Überfahrt mit einer modernen Schnellfähre dauerte nur knapp zwei Stunden. Unterwegs sahen wir viele Dhaus, die typischen

Segelboote in arabischen Gewässern, schönes Bild.

Das Hotel in Stone Town auf Zanzibar war zentral gelegen, hatte einfache, saubere Zimmer, jedoch kam kein Wasser aus der Leitung. Vieles auf der Insel schien verrottet, kein Wunder bei der feuchtwarmen, salzhaltigen Meeresluft.

Normalerweise habe ich eine sehr gute Orientierung, in den engen Gassen der Altstadt habe ich mich aber einige Male verlaufen. Ich fühlte mich erinnert an die Medinas in Nordafrika, alte, gewachsene Strukturen, arabische Architektur, viele Moscheen, bunte Märkte.

Am türkisfarbenen Strand im Norden konnten wir gut ausruhen und frische Kraft tanken für die letzte Etappe. Zwei schöne Tage am Strand, Spazierengehen, gemeinsames Dinner, etwas Fernsehen, relaxen.

3.12. Dar Es Salaam

Today we leave Zanzibar and catch a late ferry back to Dar Es Salaam and return to our truck and campsite. The evening can be spent reminiscing about our days on the island.

Auch von Dar Es Slaam haben wir nicht viel gesehen. Von einer Fähre ging es gleich auf die andere, Tommy wartete schon auf uns, schnell waren wir wieder im Camp auf der Halbinsel. Ärgerlich: im Waschraum ließ ich meinen Kulturbeutel liegen, am anderen Morgen war der natürlich weg. Immerhin, das

einzige, was ich auf der ganzen Reise verlor/vergaß!

***4.12.** Arusha*
Today we take a long and scenic drive to Arusha, the safari capital of Tanzania and known for its authentic craft markets. On a clear day it's possible to see Mt Kilimanjaro and Mt Meru. After arriving in Arusha, those who are going to explore the Serengeti National Park, prepare for their excursion.

Die Strecke nach Arusha zog sich hin, wie erwartet. Der Kilimanjaro versteckte sich leider in den Wolken, schade. Arusha präsentierte sich betriebsam mit Hotels, Kongress-Zentren, Flughafen. Man merkte, dass es ein Knotenpunkt für Touristen war.

Ich hatte lange überlegt, ob ich die Extra-Tour in den Serengeti NP machen sollte, hatte eigentlich das Gefühl, genug erlebt zu haben. Es bot sich aber keine richtige Alternative an, und so nahm ich mit allen anderen daran teil. Es sollte die richtige Wahl sein.

5./6.12. *Serengeti/Ngorongoro*

Today we have the opportunity to go on a three-day trip into the Serengeti. This area has one of the most densely inhabited large animal populations in Africa. We game drive in the Serengeti NP and the amazing Ngorongoro Crater. In October and April the area is known for the circular migration of millions of herbivores travelling in pursuit of the seasonal rains. For those not going to the parks, take this chance to absorb some of the fascinating local culture.

Optional Activities: Serengeti/Ngorongoro Excursion.

Von zwei Jeeps wurden wir morgens abgeholt. Auf einer gut ausgebauten Straße erreichten wir bald das Tor zur Ngorongoro Conservation Area. Der Weg in die Serengeti führt am Krater vorbei, von der Rimmkante erhaschten wir den ersten Blick in den Talkessel, eine Urlandschaft.

In der Mittagspause mussten wir unser Lunch sorgfältig bewachen, Maribus stolzierten gierig um uns herum und Vögel kamen im Sturzflug, um ein Sandwich zu erwischen.

Beeindruckend der Besuch eines Massai-Stammes. Männer und Frauen boten einen Begrüßungstanz. Danach durfte man auch bei ihnen in eine Hütte schauen. Für den Bau (alle fünf Jahre neu) sind übrigens die Frauen zuständig, die Männer gehen traditionell auf die Jagd. Die typische farbenfrohe Kleidung sah man überall auf den Straßen Tansanias und Kenias.

Der Eingang zu Serengeti lag an einer kleinen Anhöhe, von der aus sich der Blick in die Ebene eröffnete. Zu unserem Camp führte der Weg tief in das Innere des Nationalparks. Es war Ausgangs- und Zielpunkt für unsere

Pirschfahrten. Was es dort zu sehen gab, übertraf alle Erwartungen: Löwen aus nächster Nähe, Elefanten, Giraffen, Gnous, Leoparden, Hippos, Zebras und anderer Tiere in jeder Menge.

Das Camp war nicht eingezäunt, nachts musste ich trotzdem mal raus. Ich überlegte dreimal, ob ich die ca. 50 m zur Toilette wirklich wagen sollte. Es wurde empfohlen, mit der Taschenlampe zu leuchten und bei Reflexion eines Augenpaares sofort den Rückwärtsgang einzulegen, und das bloß nicht zu schnell. Es waren bange Minuten hin und bange Minuten zurück. Geschafft! Das

Zelt galt als sicher, sofern man keine Lebensmittel aufbewahrte.

7.12. *Arusha*

Today those that went in to the Serengeti and Ngorongoro will return to Arusha where there will be time sit together and share stories of the wonderful African animals seen in the park. The Serengeti is always an unforgettable experience and one that will be shared time and time again.

Die gleiche Vielzahl von Tieren fanden wir im Ngorongoro Crater. Man hatte das Gefühl von Urzeit, der Krater gehört mittlerweile zum Weltkulturerbe, Menschen leben seit Langem nicht mehr hier. Interessant: Seit Anfang des 20. Jahrhunderts bis zum Ende des Ersten Weltkrieges siedelte der Farmer Adolf Siedentopf mit seiner Frau Paula aus Bielefeld im Ngorongoro-Krater und betrieb dort eine

Farm mit Rinderzucht und Weizenanbau! aus Wikipedia.

Randvoll mit tollen Bildern in der Kamera und in den Köpfen trudelten wir wieder in Arusha ein.

8.12. Nairobi
After crossing the border into Kenya we continue to travel towards Nairobi and the end of our journey. Although our tour has ended most groups like to spend this final evening at local game restaurant.
Optional Activities: Dinner at Carnivore Restaurant

Das letzte Stück der Reise nach Nairobi war noch einmal eine echte Tortur. Auch hier umfangreicher Straßenneubau, nur an wenigen Stellen fertiggestellt, befahrbar nur ein Behelfsweg daneben. Für die 300 km benötigten wir acht Stunden. Zu allem Überfluss gerieten wir in den Feierabendverkehr der ostafrikanischen Metropole, aber dann war es geschafft. Wir waren am Ziel. Ein letztes gemeinsames Abendessen, ein herzlicher Abschied, die Beteuerung, möglichst bald auf facebook zu kommunizieren, und schon saßen Alex, Franzi, Rebecca und ich im Taxi zum Flughafen. Die Fahrt wurde ganz unerwartet zum allerletzten Abenteuer. Der schon betagte Fahrer steuerte ein fast ebenso betagtes Fahrzeug bei Starkregen und ganz schlechter Sicht durch den mehrspurigen, heftigen Abendverkehr. Man konnte sich nur noch eingeben ins Schicksal...

Den ruhigen Flug mit KLM nach Amsterdam verschlief ich fast vollständig.

Eine Schrecksekunde gab es noch im Flughafen Shiphol Amsterdam. Vollkommen übernächtigt hatte ich die Anzeige übersehen, dass mein Flug nach Hamburg verlegt wurde auf ein anderes Gate. Für einen Moment glaubte ich, das Flugzeug sei schon in der Luft. Erleichtert erreichte ich noch rechtzeitig den richtigen Eingang.

Das Wetter in Hamburg war zwar kalt, jedoch wesentlich freundlicher als bei meiner Rückkehr aus Asien. Welcome home war irgendwo zu lesen, moin moin, erwiderte ich, zufrieden, dankbar und ganz im Einklang mit mir und dieser unfassbaren Welt.

Der letzte Eintrag in meinem blog

Unter Vorbehalt - tropische Krankheiten haben lange Inkubationszeiten - bin ich wohlbehalten und gesund wieder in HH angekommen. Mit vielen Eindrücken und Bildern, im Kopf und auf dem memory stick. ... Alles in allem bin ich froh, die Reise gemacht zu haben. Ich habe gesehen, was ich gerne mal sehen wollte. Dieser Moment, in dem die aus dem Fernsehen bekannten Bilder auf die Wirklichkeit treffen, der ist faszinierend, pures Glücksgefühl.

Ansonsten ist Overlanding - es wird von vielen Unternehmen mehr oder weniger mit gleichem Programm und gleicher Leistung angeboten - zur Zeit fast die einzige Möglichkeit, in diesem Teil Afrikas unterwegs zu sein, außer man ist jung, unbedarft und verwegen genug, als backpacker zu reisen. Dann muss man sich schon mal mit 22 anderen in einen Minibus zwängen oder sich einem hohen Risiko aussetzen, dann, wenn man am Abend spät ankommt und keine Bleibe findet. Überfälle sind keine Seltenheit, schließlich wurde auch unser Truck aufgebrochen. Oder man hat Geld im Überfluss, leistet sich die Reise im eigenen Landrover und nächtigt in den exclusiven Lodges. Abgesehen, dass möglicherweise das Geld dazu fehlt, müsste man einen gewaltigen Spagat machen zwischen einfachster Lebensweise der Einheimischen und dem Luxus der Unterkünfte. Abschotten wäre die Konsequenz, wie es übrigens in Südafrika und Namibia unübersehbar der Fall ist. Die Apartheid ist nominell zwar vorbei, abgeschafft ist sie aber lange noch nicht. …

Abgrenzung ist aber das Letzte, weshalb ich in fremde Länder reise. Ich möchte möglichst viel authentisches Leben mitbekommen, möchte wissen, wie das Land tickt, wie die Leute leben, was sie treibt und was sie sich erhoffen. Das ist auf diese Art des Overlanding nur schwer möglich. Das Erleben findet im Truck statt, im Vordergrund steht das Gruppengeschehen, nicht der Kontakt mit den local people. Dazu fehlte schlichtweg die Zeit. Es ging mir einfach viel zu schnell, Afrika im Schnelldurchgang.

Nachwort Januar 2014

Gut drei Jahre nach dieser Reise und den Erfahrungen weiterer Reisen nach Asien, in die Karibik und nach Indien habe ich eingesehen, dass meine Vorstellungen bezüglich einer ökologisch vertretbaren Form zu reisen vollkommen weltfremd waren. In den Nachrichten war vor Kurzen zu hören, dass in 2013 über drei Milliarden Menschen mit einem Flugzeug transportiert wurden. Sicherlich werden die Vielflieger die absolute Zahl der Menschen unter die Milliardengrenze drücken (wäre interessant zu wissen). Im gleichen Zeitraum produzierten die drei größten Autobauer Toyota, VW und GM über 30 Millionen Fahrzeuge. Und die Prognosen für weiteres Wachstum dieser Industrien, z.B. die Bestellungen bei Airbus oder Boeing, lassen bei mir keinen Zweifel darüber, wie sich die Umwelt entwickeln wird. Leute fliegen um die ganze Welt, nur um an einer Diskussion teilzunehmen oder einmal auf dem catwalk zu laufen. Wer wollte es ihnen verübeln?!

Die Menschheit rast in Zustände hinein, die einem Angst und Bange machen können. Aber nicht nur aus ökologischen, auch aus politischen, sozialen und religiösen Gründen wird die Devise der Zukunft möglicherweise lauten: ´Anschnallen bitte, es könnten Turbulenzen zu erwarten sein!´

Wird die Weltbevölkerung noch in dem gleichen Maße wachsen wie in den letzten Jahrzehnten? Wie lange wird sich der materiell reiche Westen gegen Armut und Überbevölkerung noch abschotten können? Wie werden sich Menschen verhalten wenn lebenswichtige Ressourcen zur Neige gehen? Wie werden unvermeidbare religiöse Konflikte zwischen den einzig ´Rechtgläubigen´, den Muslimen und der restlichen Menschheit, den ´Ungläubigen´ gelöst?

Jeder, der sich mit offenen Augen und wachen Sinnen die Welt anschaut, wird unweigerlich mit diesen Fragen konfrontiert. Es bleibt zu hoffen, dass kreative Köpfe und mutige Menschen diesen Gefahren trotzen können. Das Internet ist der Beweis dafür, dass revolutionäre Entwicklungen möglich sind, die die gesamte Welt verändern können.

Zu wünschen wäre, dass sie uns erhalten blieben, die Schönheit und der Reichtum unserer unfassbaren Welt.

Nachwort zur Neuauflage Juli 2015

Als ich im vorherigen Nachwort einen möglichen muslimisch-religiösen Konflikt thematisierte, hatte ich – wie bei den anderen Szenarien - an Zeitspannen von einigen Jahrzehnten/-hunderten gedacht. Dass wir bereits binnen eines Jahres mit des realen Existenz eines ´Islamischen Staates´, barbarischsten Grausamkeiten, Völkermord (an Jesiden), weltweitem Terror islamistischer Organisationen, daraus resultierenden Flüchtlingsströmen bislang unbekannten Ausmaßes konfrontiert sind, hätte ich nicht vermutet.

Der mutige, mittlerweile mit einer Fatwa bedrohte Autor *Hamed Abdel-Samad* analysiert in seinem Buch: *Der islamische Faschismus* die Lage sehr genau.

Ob am Strand von Kovalam in Kerala, in Roseau auf Dominica in der Karibik, auf Zansibar oder in Hamburg auf dem Steindamm, überall habe ich sie angetroffen:: hasserfüllte Männer, mit dem gleichen sprachlichen eindringlichen Duktus, den gleichen haarsträubenden, geschichtlichen Verklitterungen, der gleichen Taubheit für Argumente jenseits ihres Horizonts, dem gleichen einzigen Wunsch, dass die ganze Menschheit von dieser Religion beseelt werde und damit sämtliche Probleme aus dieser Welt geschafft sein.

Eigentlich kann man denen persönlich in gewisser Hinsicht gar keinen Vorwurf machen, sie folgen ja ´nur´ dem, was im Koran steht und was ihnen Imame in den Kopf gesetzt haben. Der Koran wird nun mal leider von manchen als Libretto für eine Gehirnwäsche missbraucht er wendet sich ausschließlich an den Mann, er gibt Zuckerbrot (das Paradies) und Peitsche (höllische Qualen), er ist voll von Geboten und Verboten für jede Lebenslage (daher gibt er Unsicheren Halt und eignet sich besonders für jene, die die Mühsal der Entwicklung ihrer eigenen Werte nicht eingehen mögen), er erhöht den Mann über die Frau, den Gläubigen über die Ungläubigen, quasi über den Rest der Menschheit (das sorgt für ein Überlegenheitsgefühl) und er legitimiert Allmachtphantasien und Gewalt (wodurch sich besonders die angesprochen fühlen, die sich in herunter gekommenen Problembezirken großer Städte ohnmächtig einer sozialen und beruflichen Perspektivlosigkeit ausgeliefert sehen).

Entscheidend für meine heutige, kritische Haltung gegenüber dem Islam waren meine jüngsten Erlebnisse in Indien. ´Hindustan´ wurde ab dem 12. Jahrhundert immer mal wieder von moslemischen Herrschern heimgesucht, bis es im 16. bis ins 18. Jahrhundert den Moguln gelang, eine moslemisch Herrschaft zu errichten, danach setzte sich die Briten für die folgenden 200 Jahre auf dem Subkontinent durch. Die Gegensätze zwischen den islamischen Herrschern und der unterworfenen Mehrheitsbevölkerung der Hindus konnten nicht größer sein. Moslems glauben an einen Gott, Hindus verehren gleich mehrere tausend, darunter die drei Hauptgottheiten (Brahma, Shiva und Vishnu), dutzende Begleitgottheiten (Ganesha, Rama, Krishna, Buddha und viele andere) sowie zig-tausend weitere. Religiöse Konflikte zwischen Moslems und Hindus gehören seither zu Indien. Die Briten versuchten durch ein Auseinanderdividieren von Hindus und Moslems durch die Abspaltung von West- und Ostpakistan, heutiges Bangladesch, den Ländern mit überwiegend moslemischer Bevölkerung den Konflikt zu befrieden, (außerordentlich lesenswert dazu: *Train To Pakistan* von *Khushwant Singh*), aber gewaltsame Übergriffe und Terroranschläge wie in Kashmir, Gujarat oder Mumbai sind an der Tagesordnung.

Auf meiner Reise habe ich viele hinduistische Tempel besucht. Kleine Huldigungsstätten und Altare sind allgegenwärtig. Es ist berührend die Menschen zu erleben, wie vollkommen offen, einsehbar (dadurch auch höchst verletzlich), unverschleiert, liebe- und respektvoll sie ihrer Favoritengottheit verehren, auf der Straße, im Haus, im Auto, im Bus und in der Bahn: Blütengebinde, Räucherstäbchen, Gebetskettchen, Utensilien aller Art, überall.

In diesem farbenfrohen Rausch tauchen dann wie Fremdkörper voll in Schwarz bis auf einen schmalen Sehschlitz mit einer Niqab verschleierte Kindfrauen auf mit zahlreichen Neugeborenen. Abschottung total, das schockt. Der muslimische Bevölkerungsanteil steigt rasant, das beantworten hinduistische Hardliner mit Forderungen nach mehr Hindu-Kindern, ein Teufelskreis.

Erste persönliche Berührungen mit dem Islam liegen bei mir schon Jahrzehnte zurück. Ich war in den 70-er Jahren mit einem VW-Bus durch Nordafrika gefahren. Den Moment, als mitten in der Wüste im Autoradio der Gebetsruf eines Muezzins erklang, eine klare, über alles menschliche Bangen, Hoffen und Versagen erhabene, durchdringende Stimme, die durch jedwede Ablenkungen des Alltags, jedwede gedankliche Beschäftigung, jedwede Eitel- und Äußerlichkeit einen Punkt tief im Inneren berührte, werde ich nie vergessen. Auf eine schönere Art kann man kaum aufrufen, mit dem Schöpfer des Himmels und der Erde in Kontakt zu treten. Das genaue Gegenteil empfinde ich in einem Hotelzimmer in Alappuzha, Indien, wo gleich aus drei benachbarten Moscheen ein durch billige Lautsprecher mit Maximalkraft ausgestrahltes Geplärre ertönt, eine Zumutung für die Ohren.

Hier muss man die Frage stellen, wem eigentlich der öffentliche akustische Raum gehört und wer diesen ungestraft verstören darf.

In den 80-ern hatte ich Bekannte, die zum Sufismus konvertiert waren. Das hatte mich veranlasst, mich gedanklich mit dem Islam auseinander zu setzen. Ich las den Koran und entdeckte genau die Hinweise und Richtlinien, die das Alltagsverhalten vieler Muslime und die Forderungen und Ausschreitungen islamistischer Organisationen begründen. Ausdrücklich möchte ich klar stellen, dass ich keine Islamfeindlichkeit schüren möchte. Ich glaube auch nicht, dass militärische Mittel langfristig eine Lösung darstellen. Stattdessen halte ich es für wichtig, dass man die Basis von Konflikten ohne Scheuklappen ins Visier nehmen sollte. Das Grundgesetz kennen wir, den Koran haben die wenigsten gelesen. Es sind zwei Wertesysteme, die sich einfach widersprechen.

Die Argumentation salafistischer Gruppen wird häufig dahingehend geführt, dass Muslime sich gegen die Islamfeindlichkeit in westlichen Ländern wehren müssen, Der Kern der Abgrenzung ist aber nicht in einer offenen Gesellschaft begründet, er liegt vielmehr im Vermächtnis des Propheten, dem Koran. Beispielhaft sein zitiert (Übersetzung von Rudi Paret, Kohlhammer): Sure 2, 6. Denen, die ungläubig sind, ist es gleich, ob du sie warnst, oder nicht. Sure 2, 10. In ihrem Herzen haben sie (an sich schon) eine Krankheit... Sure 2, 191. Und tötet sie, (d.h. Die heidnischen Gegner), wo (immer) ihr sie zu fassen bekommt, und vertreibt sie, von wo sie euch vertrieben haben! Sure 2, 221. Und heiratet nicht heidnische Frauen, solange sie nicht gläubig werden... Und gebt nicht (gläubige Frauen) an heidnische Männer... Sure 3, 28. Die Gläubigen sollen sich nicht die Ungläubigen anstatt der Gläubigen zu Freunden nehmen. Sure 8, 38. Und kämpft gegen sie (die Ungläubigen), bis niemand (mehr) versucht, (Gläubige zum Abfall vom Islam) zu verführen, und bis nur noch Gott verehrt wird. Sowie viele weitere Stellen.

Zur Gegenargumentation wird häufig angeführt, man lege den Koran falsch aus, der Islam sei die friedliebendste Religion der Welt. Es sind aber die offenkundigen Taten derjenigen, die angeben, die reinen Verfechter des Islam zu sein: Völkermord, Terror, Enthauptungen, Kidnapping, Zwangsislamisierung, Zwangsverheiratung, Zerstörung und Auslöschung ´fremder´ Kulturgüter etc., die diese Religion diskreditieren.

Wie kann man Menschen als ungläubig bezeichnen, die aus der Tiefe ihres Herzens beten: „Nicht mein, sondern Dein (Gottes) Wille geschehe"? Die ihre Wege befehlen dem, der Wolken, Luft und Winden Lauf und

102

Bahn gibt. Und deren Seele dem schön singen, welchem alle Dinge hier auf Erden zu Dienst und Willen stehen.

In westlichen Gesellschaften lebende Moslems müssen im Zwiespalt sein. Sie können nicht anders als diesen unauflösbaren Widerspruch entweder stillschweigend zu negieren (zu leben wie viele Christen, die nur zu Weihnachten in die Kirche gehen), oder sich abzuschotten, quasi unter einer Käseglocke zu leben (das tun ja die meisten in den Ghettos vieler Großstädte), oder noch einen Schritt weiter zu gehen und sich eindeutig für den islamischen Weg zu entscheiden, d.h. sich zu radikalisieren. Das scheint mir durchaus logisch und konsequent.

Kontakt, Dialog, Argumentation, Konfrontation, Schärfung der Standpunkte, das sind aus meiner Sicht sinnvolle Optionen zur Überwindung dieses weltweiten Desasters. In vielen kirchlichen und moslemischen Nachbar-Gemeinden passiert das ja schon, Gott sei Dank!

Empfehlenswerte Bücher

Andreas Altmann	Weit weg vom Rest der Welt In 90 Tagen von Tanger nach Johannesburg rororo 23993
Niels Boeing Dorothee Wolter	21000 Kilometer oder die Kunst, sitzen zu lernen rororo 24507
Marc Helsen	Road to Nowhere Eine Reise in vergessene Länder der Welt Kunth-Verlag
Ham.Abdel-Samad	Der islamische Faschismus Eine Analyse Droemer Verlag
Ted Simon	Jupiters Fahrt Mit dem Motorrad um die Welt rororo 12653

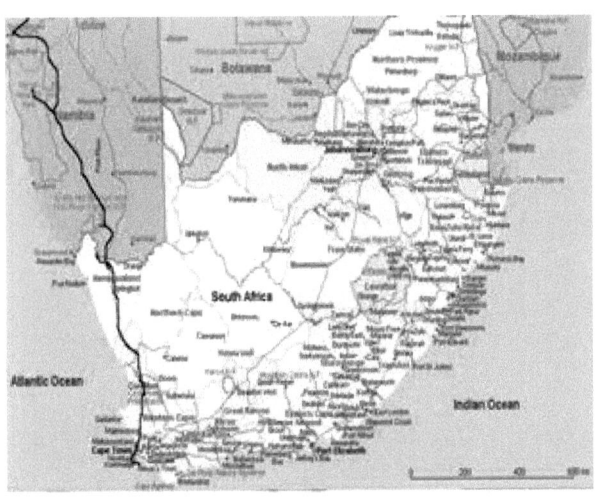

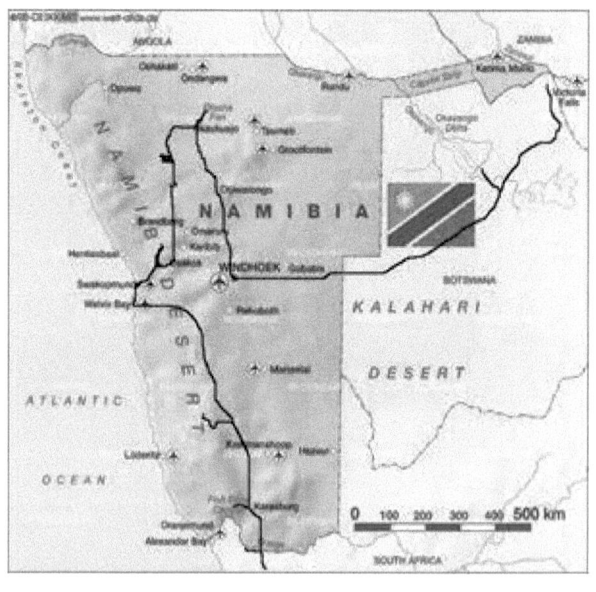

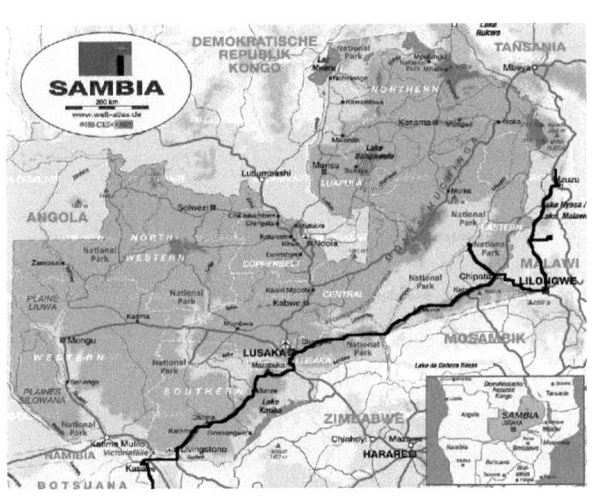

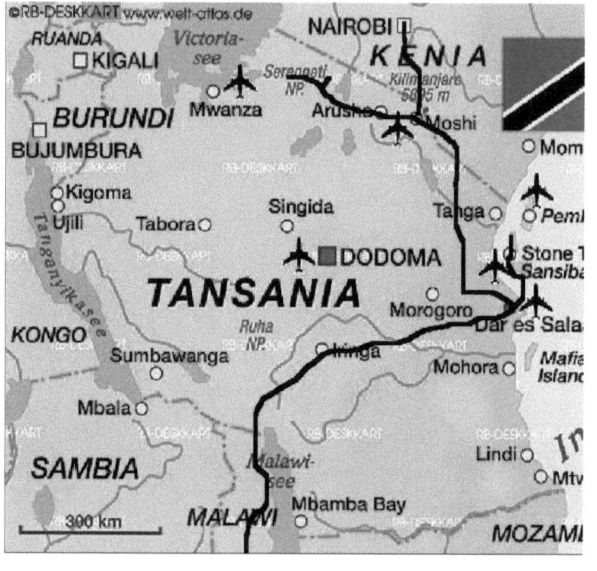